韩梅梅 / 著

有些事现在不做，
一辈子都不会做了 3

THERE IS SOMETHING NOT TO DO NOW,
YOU WILL NEVER DO IT IN FUTURE

One Person's
LIFE 一个人的生活

吉林出版集团
北方妇女儿童出版社

图书在版编目（CIP）数据

有些事现在不做，一辈子都不会做了. 3, 一个人的生活 / 韩梅梅著. — 长春：北方妇女儿童出版社，2011.1
  ISBN 978-7-5385-5256-0

Ⅰ.①有… Ⅱ.①韩… Ⅲ.①人生哲学-通俗读物 Ⅳ.①B821-49

中国版本图书馆 CIP 数据核字（2010）第 251046 号

有些事现在不做，一辈子都不会做了. 3——一个人的生活

作　　者：	韩梅梅
出 版 人：	李文学
责任编辑：	李少伟　张晓峰
封面设计：	黄柠檬设计工作室
开　　本：	880mm×1230mm　1/32
字　　数：	100 千字
印　　张：	6
版　　次：	2011年5月第1版
印　　次：	2011年12月第7次印刷

出　　版：	吉林出版集团　北方妇女儿童出版社
发　　行：	北方妇女儿童出版社
地　　址：	长春市人民大街4646号
	邮编：130021
电　　话：	总编办：0431-85644803
	发行科：0431-85640624
网　　址：	http://www.bfes.cn
印　　刷：	小森印刷（北京）有限公司

ISBN 978-7-5385-5256-0　　　　定价：25.00元
版权所有　侵权必究　举报电话：0431-85644803

目录 CONTENTS

- 2   "美丽的巧合"——帆布鞋
  Canvas shoes, "beautiful coincidences"
- 6   一个人，一盏台灯
  A person, a lamp
- 8   一个人的冰箱贴
  A person's fridge magnets
- 10   一个人坐飞机
  Take a plane alone
- 12   我需要一只猫来陪我
  I need a cat to accompany me
- 14   转角遇见流浪歌手
  Meet wandering singers at the corner
- 16   一个人的生日
  Lonely birthday
- 18   阴天，听忧郁的歌
  Listen blue songs on a cloudy day
- 22   给未来的自己寄一张明信片
  Send a postcard to future self
- 24   记下你的单身碎片
  Write down your single diary
- 26   坐下来，好好吃早餐
  Have a seat, and then enjoy breakfast
- 28   10块钱过一天
  10 Yuan a day
- 29   下雨天穿雨靴
  Rainy day, wearing rain boots
- 30   只遗憾，不埋怨
  No complaining, only regret
- 31   发低烧的幸福
  Happiness of having a low fever

目录 CONTENTS

32 一个人，听听他的歌
Listen to his songs quietly

34 每天保持头发的清洁
Keep your hair healthy and styled everyday

36 每天喝一杯新鲜榨取的胡萝卜汁
Drink fresh carrot juice everyday

38 记忆训练：写下109个自己喜欢的东西
Memory training, write 109 things down that you like

42 随身带手帕
Carry a handkerchief

44 原来快乐很简单
In fact happiness is very simple

46 我们并不是拥有太少的时间，而是拥有太多我们不用的时间
We do not have so little time, but we have much useless time

48 享受寂寞
Enjoy loneliness

51 在"将爱"的日子里，照顾好自己
In "Future Love" days, take good care of yourself

52 装饰你的墙
Wall ornament

54 小客栈之旅
An inn trip

56 沉默的一天
A silent day

57 如果今天是最后一天
If today was the last day

58 亲近土地
Close to the land

60 一个人看书之"关于爱，关于距离"
A person reading book, "About Love and Distance"

一个人的精油灯 A person's essence oil light	64
找到那么一个人，知道你全部的心事 Find the person you can talk with all your worries	66
在家里举办睡衣派对 Hosting a pajama party at home	68
再去泡一次大澡堂子 Go to a large bathhouse again	69
相信一个叫"命运"的力量 Believe the power of "destiny"	70
一个人生活，也要为地球尽一份心力 One person also should contribute to the earth	72
把压力扔进垃圾筐 The pressure is thrown into the trash	74
不买车，不买房，去流浪 Do not buy cars and houses, go run the streets	76
办公桌上的"风水鱼" Geomantic fish on desk	78
大门口的钥匙碗 Key bowl of the gate	80
一生一定要尝试一次的游轮之旅 Do have a cruise in your life	82
废旧衣服做手工 Making things from waste clothes	84
一个人，也要吃好 A man also eats well	88
和朋友们排演一出戏 Stage a play with friends	92
在收到银行对账单的三天内还掉信用卡 After receiving the bank statements, repay money for the credit card within three days	93

目录 CONTENTS

94 扔掉时尚杂志，你就是没有任何束缚的"时尚"人
Chuck fashion magazines,
you are the "Fashion" people with no bondage

96 没有遗憾的一生
Life with no regrets

98 花小钱，过大生活
Spend little money, and have a good life

102 忍受一下辛苦，一切会变好的
Endure hardship, everything will be fine

104 一个人的吉他
A person's guitar

106 每个月买一件新的内衣
Buy a new underwear every month

108 一个人的维他命药丸
A person also needs vitamin pills

109 重读经典
Re-read classic works

114 让每天待办的事项，只要用一张黄色便条纸就写完了
Your to-do lists every day, can be written on a yellow post-it note

116 欢迎自己回家
Welcome to home

118 清除电器的嘈杂声，好好招待你的耳朵
In order to treat your ears well, remove noises of electrical equipment

120 腹式呼吸——终极的压力处理
Abdominal Breathing, the ultimate pressure processing

122 被一只狗牵着，去走路
Go walking by a dog

124 换一个自己喜欢的工作
Change a job you love

126 珍惜和自己独处的时间
Cherish time on your own

一个人的 Blog A person's Blog	128
去剧场看话剧 Go to watch a drama	130
一个人也要有钱 One needs to control the money	134
再忙也要送给自己一个微笑 Give a smile to yourself even you are busy	136
听古典音乐，给你的生活增添色彩 Listen to classical music, and add color to your life	138
一个人的十字绣 A person's cross-stitch	140
为了自己，也要瘦下来 You must slim down for yourself	142
拍下这一天 Take photos for this day	146
空闲才使大脑胡思乱想 Leisure makes brain cranky	148
一部又一部地看那些大师的影片 One after another to see those masters' films	150
左手刷牙 Brush my teeth by left hand	154
闹钟一响，就马上起床 Once the alarm clock rings, you get up immediately	155
如果你要去香格里拉 If you want to go to Shangri-La	156
一个人喝点 Drink alone	158
去爱一个东西 Learn to love a thing	159

目录 CONTENTS

160 一封家书
A letter home

162 参加一次怀旧聚会
Enjoy a retro party

164 今天买一张彩票，看看运气怎么样
Today, buy a lottery ticket, any luck

165 一个人的9连拍
A person's nine continuous shooting

166 无怨的青春——再读席慕容
No regrets of youth, read Xi Murong's poetry again

170 给妹妹的博客留言
Leave a message in sister's blog

172 学习现代舞
Learning modern dance

174 把朋友送到站台
Take my friend to the platform

176 一个人去乡下
A man goes to the country

177 单身的人最喜欢的句子
The most favorite sentences of a single man

178 改变你的晚睡强迫症
Change your obsessive-compulsive disorder of sleeping late

180 学习日系图片PS
Learn PS pictures of Japan

182 无事忙中老，心安即平安
Have peace of mind, you will be very young

"美丽的巧合"——帆布鞋
Canvas shoes,"beautiful coincidences"

恨一个东西，会有千千万万种原因，而爱一个东西，有时候是没有理由的。对于"为什么喜欢它"，想必真正喜欢帆布鞋的人对这个问题，也不知道该怎么回答。

电影《猜火车》中，伊万·麦克格雷格穿一双肮脏的帆布鞋走在爱尔兰肮脏的厕所里。

朱诺、《挎斗摩托车里的狗》里的洋子、天使爱美丽，他们都穿着不同颜色的帆布鞋。

但也不要认为帆布鞋是二三十岁年轻人的专利，如果你仔细观察，《午夜巴塞罗那》里的贾维尔·巴登，很有艺术家气质的一个人，也会在不经意带过的镜头里，穿着随性洒脱的帆布鞋。

第一双帆布鞋，诞生于1917年。当时，战争造成了经济萧条，皮革做了马靴，毛料做了军装，市面上只剩下便宜的帆布和橡胶，于是，有人将它们组成了经久耐磨又便宜的帆布鞋。

据说，当初发明帆布鞋的人，在如何让帆布与橡胶完美黏合的问题上遇到了瓶颈。于是，一气之下，把帆布和橡胶丢到火炉里不做了，没想到，加热竟让橡胶"硫化"，和帆布黏合。

于是，这"美丽的巧合"造就了帆布鞋，它也开始了走红近百年的奇迹。

第一双帆布鞋的名字叫做Converse All Star。

如果非要说出喜欢帆布鞋的理由:
Reasons of liking shoes

1 穿帆布鞋的人不羁、自由、随性,有点儿小忧郁,有点儿小固执。

2 穿上帆布鞋,有脚掌很接近大地的感觉,感觉随时都可以出发、上路。

3 耐磨耐穿,甚至丢到洗衣机里洗都没事。

4 简简单单,舒舒服服,很好配衣服,穿起来很有feel。

5 容易搭配衣服,并且显脚小。

6 实惠、穿得起。

7 黑色、白色、红色……每换一个颜色心情都会不一样。

有人说,帆布鞋是青春的代名词。即便是一位大妈,穿着帆布鞋,也会给人青春的感觉。
一双帆布鞋,能穿好几年都不过时。它承载着你丢不掉的青春故事!
如果习惯光脚穿帆布鞋,那样感觉更好。
因为穿着帆布鞋就能够"很自己",所以你可以尽情地穿它……穿得越旧越好,那种洗得泛白的帆布鞋,更让人觉得欢喜。

一个人,一盏台灯
A person, a lamp

窄小的房间里,也许只有一张床、一个书架、一张桌子、一把椅子、一台笔记本。房间里,有时候会响起音乐声,有时会响起键盘被敲击的声音,有时电视机和冰箱也会发出声音……有人说,这些声音是单身的人的朋友,但是,我认为单身的人更需要另外一个朋友——一盏小小的台灯。

一盏台灯,一盏不管什么颜色和造型的台灯,就算不漂亮,也能够发出温暖的光芒。

它可以默默地立在书桌上,桌子时而整洁,时而凌乱不堪,也可以放在床头。台灯下面,有可能是几本书,也有可能是一堆零食。

黑夜,一个人的时候,不要害怕、伤心,因为你身边始终有一束温暖的光,在守护着你。

慢慢地,你会学会享受这种光线和生活。

有很多人,也许是这世界上的大多数人,习惯着"一个人的生活",习惯在卧室里看电视、看书……那么,最好使用磨砂玻璃、布面、贝壳等能使光线柔和的灯罩的台灯,避免强光伤害眼睛。

另外台灯的大小也要根据卧室的空

间而定。如果选择过小的台灯会影响照明效果，挑选过大的台灯则会占据卧室空间，会感觉拥挤，影响房间的舒适度。

如果你想让房间突显温馨和古典，那么可以选择羊皮灯罩的台灯。如果你的沙发和床都是木头质地的，羊皮灯罩的台灯，就更适合了。

台灯的灯泡，最好都是用黄光的灯泡，这样柔和的光线，才能温暖家中的每个角落。

台灯，会是你单身生活的好朋友，像一个天使，在每一个需要它的夜里，为你驱走黑暗和孤独。

一个人的冰箱贴
A person's fridge magnets

不知道是谁发明的冰箱贴，我猜他一定是个爱家的人。

当初买冰箱的时候，我毫不犹豫地选了一个款式最简单的白色的冰箱，它就像一个摊开的画布一样，可以让我发挥创意。

人们为什么爱在冰箱上贴东西呢？

因为冰箱每天都用得到啊，冰箱的门每天都要开，所以把要做的事情贴在上面随时随地都能看到。在上面贴些鼓励自己的话、自己喜欢的图纸都可以！每个独特的有灵魂的可爱的东西贴在冰箱上，每一次打开门应该都会带来一种美丽心情！

奇怪的是，冰箱贴满了东西，看起来很乱，但是并不给人很烦躁的感觉，相反，会感觉很居家。

呵呵，也许真是只有热爱生活的人，才会去想着把冰箱装扮吧！

关于冰箱贴的一切：
Everything about fridge magnets

1 冰箱贴英文名：fridge magnets。

2 冰箱贴分为两类，一种是磁性贴，另一种是不干胶贴。磁性贴是可以重复利用的，而不干胶贴是一次性的。

3 人们刚开始用冰箱贴时，都是用来记录冰箱内储存的食物，还有提醒的功能，比如冰箱里有什么蔬菜要买了。后来，它的内容越来越丰富，也越来越有创意。

4 书摘冰箱贴：把一两句最能打动和鼓励自己的话，贴在冰箱上，每天都能看见它。

5 留言板冰箱贴。

6 相框冰箱贴：你可以贴上自己或者家人，甚至小宠物的照片。

7 便签本，还有可以贴在冰箱上的笔，你可以随时写下点什么。

8 拼图冰箱贴：每天在打开冰箱的那一刻，兴之所至，玩一玩。

9 飞镖盘冰箱贴：也是为了玩！

10 温度计冰箱贴。

11 单词冰箱贴：爱学习的孩子必备。

还有，有没有人和我一样，出门旅游首选的纪念品是冰箱贴？因为冰箱贴是最好带回来的小礼物。冰箱贴的内容最好是地图，没有地图的，标志性建筑或者艺术品也行，比如伦敦的大本钟、吉隆坡的双子塔、日本的浮世绘之类都可以。现在，我的冰箱上已经有三十多个冰箱贴了，看上去真的很不赖哦！有美好时光倒流的感觉。

一个人坐飞机
Take a plane alone

　　喜欢坐飞机,是因为它的速度。相隔千里的两个城市,竟然可以如此神奇地在几个小时之内就到达。
　　飞机,让我们更自由了。
　　喜欢去机场的路上,即将出远门的心情,可以坐在车里,听着随身听,看着熟悉的沉闷的城市,体会马上就要离开的快乐。

　　我也喜欢拖着行李,走在候机楼里,身边都是形色匆匆的旅人。
　　在登机口的椅子上等待,看着大飞机开过来,停靠在廊桥边。
　　当飞机在跑道上疯跑,体会那个速度,腾空而起的那一瞬间,你在想什么?

　　我喜欢带一本书,在飞机上看,一本开本很小的书,可以轻松地带在身边。

　　有时候,我会拷一部电影在电脑里,如果是两个小时以上的飞行,看一部电影,是最好不过的选择了。在飞机上,我喜欢看伍迪·艾伦的电影,絮絮叨叨,会心一笑,时间很快就过去了。

　　当你心情苦闷的时候,可以去坐飞机,在三万英尺的高空,打开遮光板,从上往下看看这个世界,你会发现,视角不一样,你对这个世界的看法也不一样了。站得高,望得远,心情自然也会宽阔得多。

　　在飞机上看云,也是不错的选择。当飞机钻入云中,又是不一样的体会。

我需要一只猫来陪我
I need a cat to accompany me

　　如果你是一个人生活，生活忙碌，却又害怕寂寞。那么，养只猫是你最佳的选择，不管何时回家，总有热切的眼神欢迎着你，抚慰你一整天的辛劳。

　　猫是一种独立的动物，高兴了才理你，不高兴一爪子把你推开。养猫要比养狗狗轻松多了，不用遛猫，不用担心它得忧郁症，无聊的时候扔给它一个玩具，它可以自己玩很久，还会自己上厕所。养猫的好处还有很多：

1 养猫会让你变得勤快，会让邋遢的你学会打扫。

2 养猫会让你懂得如何按捺住坏脾气，当它惹你生气时，看着猫猫那张无辜的脸，你还发得了火吗？

3 养猫会让平时娇气的你更加坚强，被抓两道、咬几口，不会大惊小怪地尖叫起来。

4 养猫会让爱赖床的你按时起床。每天早上，猫猫需要你起来清理厕所、添猫粮。

5 养猫会让你的母性和爱心得到宣泄。

6 养猫会让不知道柴米油盐贵的你学会精打细算。

7 养猫会让粗心的你学会如何察言观色，对症下药。比如通过观察猫猫的便便判断猫猫的身体状况。

8 养猫可以培养慈悲心，相由心生，一个慈悲的人，自然是可爱的。

9 养猫像多了个朋友，猫猫有自己的生活，主人只是它们生活的一部分。

10 养猫会让你越来越有耐心，猫猫在腿上睡一个多小时，就算腿都麻了都不好意思吵醒它。

11 养猫，冬天可以暖脚暖被窝。

猫猫能否健康成长，完全有赖于主人的责任心，养猫可以让人学会用心感受，因为猫猫不会人类语言，你只能用心观察它，否则是很难读懂猫猫的。

当你和猫猫之间，学会彼此用心感受对方，才能真正地联系彼此，达到深至内心的默契。

转角遇见流浪歌手
Meet wandering singers at the corner

落叶随风将要去何方
只留给天空美丽一场
曾飞舞的声音
像天使的翅膀
划过我幸福的过往……
——"西单女孩"唱过的歌

十几年前,我在一个小县城读师范学校。有一天,街上来了一个流浪歌手,一时间,师范学校里的女生们奔走相告,纷纷跑去看。

我现在已经记不得那个流浪歌手长什么样了,只记得他拉了一盏不太亮的灯在身后,面前放了一个小音箱,唱的大概是齐秦和王杰的歌……

那是一个"流浪歌手的情人"流行的年代。我记得自己站在人群中,听得出这个声音没有任何修饰,唱出了沧桑与自由的男孩的歌,眼睛渐渐地模糊了,泪水在眼眶中打转。作为一个还没有出过远门的十几岁的人,我很羡慕他。

四五年前,我在国外念书。英国的秋天,天气阴霾,让人苦闷。有一天,我从银行查看了令人焦虑的账户出来,心情低沉得无以复加,突然,一阵吉他弹奏声传来,我只记得,那个音乐就像一阵风,把我心里的阴霾在一瞬间就吹开了。真的,只是几秒钟的时间。

那是一对墨西哥的兄弟在街头唱歌,后来我过去和他们聊天,得知他们已经走过了很多国家,全部的行程费用都是在当地唱歌解决。

我直接告诉他们,他们的音乐让我突然获得了好心情,然后买下了他们的一张CD,和他们告别。

现在,又过去好几年了,我有时候会想:十几年前的那个歌手和四五年前的那对兄弟,现在在哪里?过得怎么样?

现在,电视、网络视频节目很多,娱乐节目也随处可见,只要你想听的歌曲,没有找不到的,但是,我还是更喜欢在经过地下铁通道的时候,驻足听流浪歌手唱的歌。大概是因为在地下室里,回声效果好,还有,唱歌的人,他就在你的面前,你可能更容易在他

的歌声里，听出他经历过的许多挫折和磨难，还能听出他的坚持和梦想。

　　我还看见过，一个女孩子，站在一个流浪歌手的面前，像疯子一样泪流满面。流浪歌手没有和她说话，只是好好地唱着自己的歌。最后女孩掏出身上所有的钱，只留下了几十元车费，把其余的都给了流浪歌手。

　　所以，如果你有一天遇见一个流浪歌手，请停下来，认真聆听，并且弯腰在琴盒里放上随身的零钱。

一个人的生日
Lonely birthday

记得小时候过生日,穿着漂亮的新裙子,父母兄妹围在身边,期待已久的大大的奶油蛋糕,五颜六色的蜡烛。大家唱着歌,笑啊,闹啊,爸爸把我举过头,抛啊,妈妈站在一边,嘴里说着小心小心,脸上则是喜悦的笑容。

还有16岁的生日,父母很"自觉"地去邻居家看电视了,同学和朋友来到家里,我笑呵呵地收着一件又一件的礼物,听大家唱着生日快乐歌,喷着彩带,冷不丁地一个蛋糕砸过来,大家开始乱作一团嬉闹着抹奶油……

还记得,恋爱时和他一起过的生日。一份小小的礼物,听着他的祝福,他认真地看我许愿,那时的自己,觉得只要有他就够了,其他的一切都不重要。

现在,要一个人过生日了。

一个人过生日,不要怕。

生日的早晨,如果外面是一片艳阳天,有刺眼的阳光射进屋里,请你不要莫名地慌乱。你应该高兴,因为这一天是你的生日,你即将迎来又一年崭新的人生。

尽管没有祝福,没有人陪,没有问候,你也不要觉得孤独,不要被失落浸染,不要觉得被世界遗弃。

你要做的,就是洗个澡,穿一件最喜欢的衣服,带上足够多的钞票和卡,出门去。

先去逛半天街,给自己买一件小礼物,什

么都可以,只要自己喜欢。

　　自己去吃一顿好饭,吃什么都可以,只要自己喜欢。如果有一小碗面条当长寿面,那就最好不过了。

　　吃完饭,可以去看一场电影,或者逛逛书店、美术馆。

　　活动结束,可以回家了,在家里把手机关掉,吃小零食、打游戏、看漫画。或者来点小闷酒,醉眼看世界,看时间一点一点地过去。

　　不一定非要为自己订个小蛋糕,如果许愿是必须的事,也不一定必须在蜡烛面前,你可以对着家里的一棵绿色植物许愿,也可以在阳台上,对着星空许个愿。

　　在睡觉之前,别忘了在这一天给妈妈打个电话,告诉她:今天是我的生日,感谢你!妈妈!

　　一个人的生日,在睡觉前,一定要自己祝福自己,在新的一岁,要过得进步,更要过得开心!睡觉一定要塌实,不要在睡觉前流泪。如果心里实在酸楚,就在心里想:世界上,有好多人的生日都是一个人过的。

阴天，听忧郁的歌
Listen blue songs on a cloudy day

听说一个人久了，会上瘾的。
一个人，我可以自己搬家。
一个人，我可以自己换灯泡。
一个人，我可以自己烧水喝。
一个人，我可以自己挤公交。
一个人，我可以自己去看电影。
一部电影，一杯可乐，一桶爆米花，一个……我自己。
听说寂寞对人的伤害，等于一天吸烟15支，所以，我想我一定是上瘾了。
一个人的时候，我最无法忍受的事情是阴天，早上起来就好难过。
所以，就干脆让那种心情沉到最低吧！阴天，在一个人的房间里，听阴郁的歌。
静静地听喜欢的歌……整个世界，都在不开灯的房间里。

给电影人的情书	蔡琴
恨情歌	陈升
泪海	许茹芸
冷战	王菲
暗涌	王菲
怀念	王菲
梦醒了	袁惟仁
难以抗拒	李度
轻描淡写	袁惟仁
囚鸟	张宇
身骑白马	徐佳莹
失踪	林忆莲
听说爱情回来过	林忆莲
守护者	神木与瞳
往事随风	齐秦
新不了情	万芳
旋木	袁惟仁
一生守候	辛晓琪
永远的画面	张惠妹
在你背影守候	辛晓琪
北风	张镐哲
张三的歌	蔡琴
天天想你	张雨生
真实	张惠妹
姊妹	杨千嬅
烈女	杨千嬅

镜子 陈升

你说你不能忘记过往
总是有些心里解不开的苦
就算是生命的窄门走了一回
抬头依旧满天的雾
爱恋在彼此早就已经不再是
故事的最初
镜子上的裂痕将你美丽的身影
变得真模糊
嘿……
你说你计较的并不是
那些呢呢喃喃的承诺
也不是想要走到这等地步
还要去分辨两人的天真
就恶地诅咒别人甜蜜的爱情
肯定命运对自己的不公
但是心口上的裂痕
依旧是隐约隐约地作疼
嘿……
我不明白像我这样脆弱的要求
到底有什么难
又不是夜鹭渴望艳旧天里
与池水里的锦鲤去求爱
嘿 我就这样对着镜子里的自己
忍住了一眼泪
我都已经不再爱我自己
又怎么会爱上你

嘿……
我都已经不再爱我自己
就不会在乎爱了你
又不是渴望已错过了今生
还要来生去等待
嘿 我就这样对着镜子里的自己
忍住了一眼泪
反正我都已经不再爱我自己
又在乎爱了谁
嘿
你说你不能忘记过往
总是有些心里解不开的苦
就算是生命的窄门走了一回
抬头依旧满天的雾
你说你计较的不是那些
呢呢喃喃的承诺
但是心口上的裂痕
想起了
依旧是隐约隐约的痛

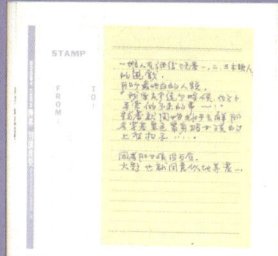

野风 林忆莲

野地里风吹得凶 无视于人的苦痛
仿佛要把一切要全掏空
往事虽已尘封 然而那旧日烟花
恍如今夜霓虹
也许在某个时空 某一个陨落的梦
几世瞪瞪留在了心中
第一次心念转动
第一次情潮翻涌
隔世与你相逢
谁能够无动于衷 如那世世不变的苍穹
谁又会无动于衷 还记得前世的痛
当失去的梦已握在手中
想心不生波动 而宿命难懂
不想只怕是没有用
情潮若是翻涌谁又能够从容
轻易放过爱的影踪
如波涛之汹涌 似冰雪之消融
心只顾瞪自蠢动
而前世已远 来生仍未见
情若深 又有谁顾得了痛
野地里风吹得凶 无视于人的苦痛
仿佛要把一切要全掏空
往事虽已尘封 然而那旧日烟花
恍如今夜霓虹
也许在某个时空 某一个陨落的梦
几世瞪瞪留在了心中
第一次心念转动
第一次情潮翻涌
隔世与你相逢
谁能够无动于衷 如那世世不变的苍穹
谁又会无动于衷 还记得前世的痛

当失去的梦已握在手中
想心不生波动 而宿命难懂
不想只怕是没有用
情潮若是翻涌 谁又能够从容
轻易放过爱的影踪
如波涛之汹涌 似冰雪之消融
心只顾瞪自蠢动
而前世已远 来生仍未见
情若深 又有谁顾得了痛
想心不生波动 而宿命难懂
不想只怕是没有用
情潮若是翻涌 谁又能够从容
轻易放过爱的影踪
如波涛之汹涌 似冰雪之消融
心只顾瞪自蠢动
而前世已远 来生仍未见
情若深 又有谁顾得了痛

Dance me to the end of love
Leonard Cohen

Dance me to your beauty with a burning violin
Dance me through the panic till I'm gathered safely in
Lift me like an olive branch and be my homeward dove
Dance me to the end of love
Dance me to the end of love

Oh let me see your beauty when the witnesses are gone
Let me feel you moving like they do in Babylon
Show me slowly what I only know the limits of
Dance me to the end of love
Dance me to the end of love

Dance me to the wedding now, dance me on and on
Dance me very tenderly and dance me very long
We're both of us beneath our love, we're both of us above
Dance me to the end of love
Dance me to the end of love

Dance me to the children who are asking to be born

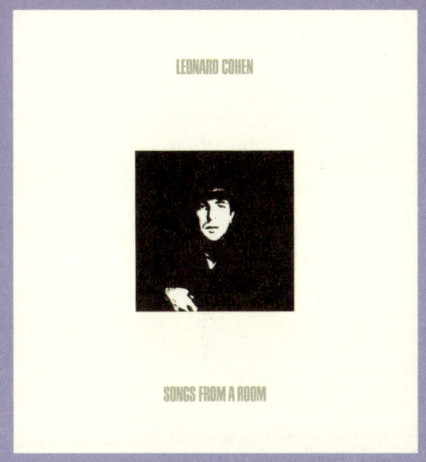

Dance me through the curtains that our kisses have outworn
Raise a tent of shelter now, though every thread is torn
Dance me to the end of love

Dance me to your beauty with a burning violin
Dance me through the panic till I'm gathered safely in
Touch me with your naked hand or touch me with your glove
Dance me to the end of love
Dance me to the end of love
Dance me to the end of love

给未来的自己寄一张明信片
Send a postcard to future self

"你今天过得好吗?"
——我给自己寄的明信片

有一年夏天,一个人去丽江旅游,在一家很小的咖啡馆里,他写了几张明信片邮寄给朋友,突然灵光一现,顺便也给自己寄了一张。

他回到大城市,生活又忙碌起来,很快就忘了写明信片这回事。

很多很多天以后,他突然收到那张寄给自己的明信片。

看着那张明信片,他仿佛又回到了丽江的山水之中,回到了旅途的快乐中……

这一次偶然发生的事件,激发了几个年轻人的灵感,他们希望有更多的人分享到这种奇妙的乐趣。于是,一家充满创意和深情的名叫"熊猫慢递"的公司成立了。

你要做的就是:在明信片上写字,写下你的地址(确保到时候你在那里),然后选择未来的一天(可以是你的生日、纪念日等等)。在那天,明信片会从慢递公司发出,到达你手里。信件收费的标准是:当天寄出的信件,按照邮局正常的资费收取;如果是指定日后寄出,2010年收取10元人民币,2011年收取11元……最晚到2046年,收取46元的寄存费。

After 5 days, return to

SAYRE, PA.

CHICAGO JUN 25 6:30 PM 1937 ILL.

  目前，差不多有1万封信件在"熊猫慢递"被委托邮寄，存放时间最久的一封信笺是到2046年。那是一位游客写给他父亲的。父亲现在已经五十多岁，到了2046年，可能他已经不在了。游客写下了对爸爸的感情，他想让自己对父亲的感情铭记在自己的心中。

  另外，也有一些写给自己的信，是不要求寄出的，只留下电话，然后保管在"熊猫慢递"。"有一天我自己过来取，请一定要帮我保管好。"

  每天不停忙碌的你，有没有想过对未来的自己说一些话？那就去给自己寄出一张明信片，慢递一下吧！

记下你的单身碎片
Write down your single diary

1
早上,迷迷糊糊,跌跌撞撞,刷牙,把牙刷塞进嘴里捣鼓。嗯?怎么不对呀。原来挤上牙刷的是洗面奶。

2
晚上,坐在沙发上把电脑放下,准备看看电视休息。
拿遥控器对着电视按了又按。
电池用完了?
算了。继续工作吧。
嗯?不对,背后怎么一阵阵凉意?
原来把空调打开了……

3
从花市买回一棵高大的树,花匠把它送到家就走了。
想把接水的小盘子放在花盆下面。
双手提着,运气,使劲。
纹丝不动。
再运气,再使劲。
还是纹丝不动。

4
午夜回家,坐出租车。
出租车的收音机里播放着长篇小说联播,传出玄妙恐怖的声音:"夜黑风高,无头XX……"我说:"师傅,麻烦关掉,快点……"
"哦,一个人住是吧?"司机说。

5
今天在游泳池,站在水里和教练对话。
教练:不错!但是要记住,心不要慌,每一次都游到头。不要去抓两侧的水线。
我:到头?腿一蹬,不会撞到头吗?
教练大笑:小姐,你的手伸出去就长过头了。

6

收拾停当,走进洗手间开始刷牙,刷到一半,又感觉不对劲。哈哈,你是不是猜我又把洗面奶当牙膏了?不对!

而是一个多小时以前,我已经刷过一次牙了……

7

躺在阳台,看着天黑,傍晚的天空美极了。

8

昨天在健身房,洗完澡,正在穿衣服,突然听见柜子的那边有个女人在悠扬地吹口哨,吹的是莎拉·布莱曼的《斯卡布罗集市》。这是我在健身房听到的除了房价、男人、聚会、美容、美体之外的新东西,听了心情大好。我也想吹两声和她琴瑟合鸣一下,但是我吹不响。

9

一哥们在MSN上对我说:
…………
…………
…………
…………
我:?
哥们:对不起,烟灰掉在键盘上了……

10

太厌倦单身生活,尤其是在连矿泉水瓶子都拧不开的时候。

有一天,我在街上抓住一个看上去比较体面、比较好看的男人,请他帮我拧水瓶。可是瓶口有水,他竟然俯身从地上捡了一张纸包着,拧是拧开了,他说,这可能不能喝了。

坐下来，好好吃早餐
Have a seat, and then enjoy breakfast

早上起来，匆忙洗漱，然后赶车，最后坐在办公室里，倒上一杯咖啡或者牛奶，或者从抽屉里翻出几块饼干，有一口没一口地吃着。

这可能是好多人每日早餐的全部内容了。

回忆一下，你有多久没有好好吃过早餐了？

我们的早餐常常被省略：没有时间、不饿、懒得做，都是最常见的理由。

一顿丰盛早餐的营养摄入量可占人体全天营养所需的25%到35%。早餐可以减缓消化速度，使你的胃不会空得太快，逐步向你提供能量直到中午。所以，早餐吃什么都不会导致长胖，就算在减肥期间，丰盛的早餐也不会让你变得更重。

现在的我，每天早上都会比别人早起半个多小时，能让我起床的动力之一，就是早餐。不仅因为上面提到的那些对身体好的理由，还有个重要的理由，就是我爱不慌不忙安静地享受一份早餐时的那份惬意……

想想看，当你早起之后，冲泡一杯热的红茶，倒进牛奶，烤上两片面包，抹上蜂蜜或者果酱，外加一个苹果和一个鸡蛋，这份早餐提供的丰富营养足以应对一天繁重的工作。完美的一天就这样开始了！

1 吃早餐的时候，建议你关掉电视、合上书，把注意力集中在面前的食物上，细嚼慢咽。

2 坐下来慢慢吃，不要在厨房里或冰箱前大吃特吃。

3 用漂亮一点的餐具，把餐桌布置得别致一些，这样你更会爱上吃早餐。

4 早餐应该吃得清淡些，不要太油，特别是油炸食品，会给胃肠增加过重的负担；不要把方便面当早餐。

我的完美早餐一：
My perfect breakfast 1

　　一杯红茶（倒入牛奶，就成了香甜的奶茶）
　　两片面包（扔进面包机，烤得酥酥脆脆）
　　一个苹果

我的完美早餐二：
My perfect breakfast 2

　　燕麦片（倒入牛奶煮开，拌入蜂蜜）
　　一个苹果

10块钱过一天
10 Yuan a day

早上：1元的黑米粥，1元的茶叶蛋
中午：2.5元的煎饼，0.5元的苹果
晚上：5元兰州拉面
骑自行车上下班

没错，我今天真的只花了10元钱！

刚在网上看见"10元过一天"的帖子时，我简直不敢相信：在什么价格都在上涨的今天，10元真的能过一天吗？

现在，我终于确定了：没问题！

10块钱过一天，过得还不赖，营养均衡，不涨肚，浑身轻松，不坐车，还能环保。并且，因为今天没花太多钱，心情也会很愉快哦！难怪好多人都说："少吃点的日子比每天吃得饱饱的且带着罪恶感过一天强多了！"

10块钱，多么完美的数字！如果坚持下去，一个月就能省下好多钱，省下的钱有好多用处！买一个心仪已久的相机，或者参加一个兴趣所在的培训班，拿去出国旅行，都行啊！因为用的是省下来的钱，所以，用起来会愉快哦！

现在，"把日子过得紧巴巴的"成为了一件很流行的事，就连英国女王也穿上了多年以前的旧大衣。所以，你尝试一下也无妨。10元过一天，要像控制甜食的欲望那样控制自己的消费，如果感觉好，就坚持下去吧！

下雨天穿雨靴
Rainy day, wearing rain boots

> 会生活的人，能主宰自己，
> 他能克制自己的情绪。
> 他不表现自己，内心平静……
> ——贺拉斯

有一天，我发火了(写下这一句是多么不好意思啊)，又不能克制情绪地让自己陷入狂躁的痛苦之中。

事情的起因只是很小的一件事情。但我发现那种情绪的爆发根本不受大脑的控制，相反，那个时候，大脑一片空白，浑身激动无力。整个脑海里，想的就只是那一件生气的事情。

后来，我只能搬一个凳子，坐到外面去，试图让自己平静下来。但是没有太大的作用。

这时候，突然下雨了。

感谢老天！

我穿上雨靴，撑上伞，出门了。

倾盆的大雨，很快浇灭了焦躁的情绪，雨在地面汇集成了水，在街道上流淌着，路人都小心翼翼地，但我不用，我穿着好看的雨靴，我可以自由自在，踏水前行！突然，我又觉得很愉快。

我记得小时候，老喜欢下雨了，可以穿着漂亮的小雨靴，打着花花小伞，一边走，一边踢水玩。

在这本来烦躁的一天，我也在踢水玩，刚才的暴躁突然之间，就像没有发生过一样。

现在，雨靴不好买到了，不过在好多创意小店，或者淘宝上，都能看见它们的踪影，怎么样？你不想拥有一双吗？

买到了漂亮的雨靴，接下来要做的，就是等待下雨啦！

只遗憾，不埋怨
No complaining, only regret

　　有朋友失恋了，我去看她，推开门，简直吓人一跳，衣衫不整，痛哭流涕，暴饮暴食，如果不是怕痛，恐怕就要割腕自杀了。
　　这时候，我静静地陪着她，没有和她一起痛骂负心汉，只是对她说了六个字："只遗憾，不埋怨"。
　　听了这六个字，朋友的情绪好多了。也许，真的就在她决定"不埋怨"的时候，她放过了他，也放过了自己。

　　每个人都失恋过，我甚至认为人的一生至少该有一次失恋，忘了自己地爱一次，然后失去。失恋一次，就像上完了一个大学。
　　谁没有因为失恋而痛苦过呢？只是，当时我们认为那份伤痛很重很重，但是，现在，一切都过去了，云淡风轻，你才发现，它原来很轻，很轻……
　　当你的眼泪快要流下来的时候，那就干脆痛哭一场，哭完之后，抬头看看广阔的天空，这片天空，和你恋爱之前是一样的，他的离去，并没有带走你的世界。

　　这个世界上，有人在等你，你不知道他是谁，错过这一个，是因为真正的他还在等你，为了这个，你应该感到快乐。
　　所以，如果他走了，要感谢他，因为最美好的阶段已经经历过了，你们真诚地爱过，这是最重要的事情。

　　一个人的一生，是可以爱上很多人的。
　　把失去的，留作回忆，向远去的，说声珍重。
　　只遗憾，不埋怨。

发低烧的幸福
Happiness of having a low fever

　　手机信号最强的时候,是屏幕上显示只有两格的时候……
　　生病和半夜被惊雷吓醒睁着眼睛的那几分钟,往往最坚强……
　　因为生病所以就可以早早让自己上床,吃点药,拿上一本书慢慢看。发烧,也成了一种享受……
　　这个时候,躺在床上,因为生病了,不能下班后聚会吃饭,不能去唱歌、不能打麻将、不能去夜店消耗精力……这个时候,因为不能,所以反而认了,安心地待着。
　　不过,你要相信,此刻在KTV、茶楼、酒吧、洗浴中心、电视机前的人们……也不见得有多快乐,很可能有一大部分人,仍然被空虚占据着。
　　我相信,在这样落着雨的夏夜,一定也有人,也生病了,发着低烧,靠在床边,在一盏灯下,静静感受着雨声,或者在看一本好书……他们也是病人,我们不认识,但有他们存在这件事,让我觉得很好……

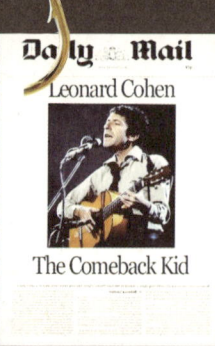

一个人,听听他的歌
Listen to his songs quietly

"像电线上憩着的鸟,午夜教堂里赖着的醉汉,我以我的方式,找寻自由。"

如果你一个人生活,在一个大雨后又放晴的黄昏,坐在高楼的落地窗前,却又不想想那些心事了……那我建议你放一首歌来听,听一个嗓音像疲惫的大提琴的男人细说从头。

放上他的歌,头靠在椅背上,闭上眼睛,好像被一只手盖在额头,感伤,又很温暖。

他先是个加拿大的诗人和作家,发表第一本诗集得了一笔2000元钱的奖金后,他拿上这笔钱去欧洲浪游。

在欧洲,他无可救药地爱上了希腊小岛Hydra。他花了1500元钱在岛上买下了一座没有电和自来水的房子,和一个有孩子的女人生活在一起。

他一生迷恋女人,情史可以写成厚厚的百科全书。

但他却常说:"我的心在火上备受炙烤,滋滋作响。"

他的歌"Chelsea Hotel No. 2"讲的是他和Janis Joplin的故事。这首歌是他唯一一首讲述自己绯闻的歌。"你说你更喜欢英俊的男人,但你会为我破例……在凌乱的床上,你向我凑过来,而窗外,正是熙来攘往。"

他现在七十多岁,穿一身黑西装,住在洛杉矶郊区,抽很多香烟,开一辆丰田4X4货卡。

他一生未娶。

他是Leonard Cohen。

每天保持头发的清洁
Keep your hair healthy and styled everyday

如果你想要每天心情愉快,每天早上起来洗个头,保持头发的清洁,是个不错的选择。

我们生存的环境中,灰尘、粉尘、化学物以及各种微生物(细菌、霉菌)无时无刻不在侵袭着我们的头发。一天下来,真不知有多少脏玩意儿"安家落户"在头发和头皮上,如果你还是发胶、摩丝及其他一些定型用品的忠实使用者,头发吸附的脏东西更是远远超乎你的想象……这些黏附在头发表面的污垢,不但会让头发失去光泽、暗淡、没有生机,还会让人心情非常不好,穿得再好看也没用。

每天保持头发的清洁,你会是一个看上去清爽、健康而又自信的人,给人一种风格突出,但又不乏亲和力的感觉。生活中的各种机遇,总是喜欢降临在这样注意细节的人身上。一头干净健康的头发,可以随时助你得到幸运之神的眷顾!机会来了,挡都挡不住!

让头发变好看的10个秘密
10 secrets of making hair to become good-looking

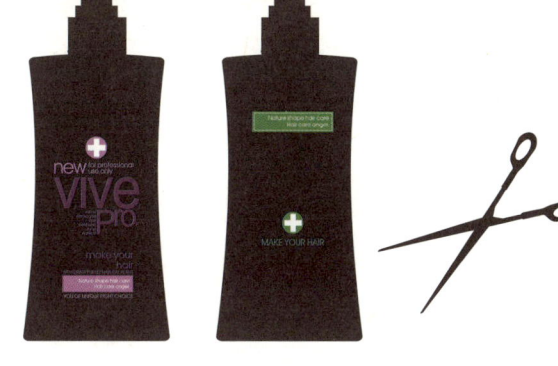

1 首先是要改变护发的态度，一定要对秀发重视。

2 每天认真地洗，认真地做护发工作是必须的。每次洗头的时候，上护发乳，用指腹力量轻轻按摩，并用梳子将头发梳顺梳匀，等3~5分钟，让营养素深入发内后再洗掉。

3 然后是每两个月要修剪一次头发，这样头发才能越长越好，不容易分叉干枯。

4 尽量让头发自然干，实在需要用吹风机，尽量用恒温的吹风机。吹头发的时候，吹风机离头发至少要20厘米，要不断更换吹风区。

5 不要强硬地梳开纠结的发丝。

6 不要长期用同一种牌子的洗发水，定期去给头发做一次SPA。

7 尽量不要染烫头发，过度造型产品的时代已经过去了！所以别再残害发丝不断地做离子烫或漂染了，需要的时候，可以上卷子。

8 用对梳子，桃木梳和鬃毛梳都是很好用的。

9 定期用橄榄油做发膜。

10 饮食均衡也是美发之根本，多吃黑芝麻对头发会很有帮助。

每天喝一杯新鲜榨取的胡萝卜汁
Drink fresh carrot juice everyday

　　鲜花、水果和蔬菜，这些让人齿颊生香的东西，不但是美食，还能解决你的面子问题。想要健康，又拥有红润光洁的面子，就给自己的身体多一点接触它们的机会吧！

　　家里的榨汁机和豆浆机，该派上用场了！每周去菜市场买一堆新鲜的胡萝卜放在冰箱里，每天榨一杯胡萝卜汁来喝。

　　鲜榨胡萝卜汁含胡萝卜素和维生素等，可以刺激皮肤的新陈代谢，促进血液循环，不但身体喜欢，还能使肤色红润，对眼睛也很有好处。

　　如果你脸上有褐色的雀斑，喝一段时间的胡萝卜汁，你会有惊喜发现哦。

如果用果菜榨汁机,榨出胡萝卜汁之后,会有残渣留在榨汁机内,这些残渣含有丰富的食物纤维,应该抓出一小把,泡入胡萝卜汁中一起喝下去,才不会浪费。

4 如果没有果菜榨汁机或搅拌机,也可以准备擦菜板,把胡萝卜放在上面用力擦,就可以擦出细条状的胡萝卜丝。生吃这些胡萝卜丝当然也OK,若是用纱布包住,挤出汁液来喝也不错。

制作胡萝卜汁
Making carrot juice

材料:胡萝卜(中等大小)。
做法:

1 胡萝卜的皮含有丰富的营养,不要削掉它,用刷子充分刷洗干净就好了,横切成圆块状。

2 如果觉得单饮胡萝卜汁不易入口,可以加些苹果、西红柿或香蕉一起搅拌榨汁,或用柠檬汁、蜂蜜来调味。

3 将胡萝卜放入果菜榨汁机或搅拌机中,搅拌出来的胡萝卜汁,呈黏稠状,完整保留了胡萝卜的营养,最好把它喝得一滴不剩。

记忆训练：写下109个自己喜欢的东西
Memory training, write 109 things down that you like

在你写下你喜欢的东西的名字的时候，心里是暖暖的。

要在脑子里搜寻它们，有时候是比较难的事，因为平时我们的脑子里，并不是总被这些美好的事物所占据的，要把它们都想起来，需要暂时平心静气，把让人烦躁的杂念都去除。

做这样的事情，是愉快的。当你一个人在家，把一个一个这样的词语写下来，体会它们带给你的珍贵回忆，你会感受到宁静的美好。

109个我喜欢的东西：

- 脱脂牛奶
- 天空
- 哆啦A梦
- 豆浆
- 别针
- 奶油蛋糕
- 钢笔
- 明信片
- 711便利店
- 丝袜
- 羽绒被
- 棒棒糖
- 游泳池
- 麻布包
- 雾
- 雨天睡觉
- 戒指
- 背心
- 彩色的墙
- 木头窗户
- 蜗牛
- 糯米
- 向日葵
- 肥皂
- 飞机
- 淋雨
- 显微镜
- 无印良品
- 冬天
- 银子
- 按摩
- 图书馆
- 瀑布
- 湖
- 森林
- 旅行
- 焰火
- 冰淇淋
- 樱桃
- 酸奶
- 自然醒
- 跑步
- 看上去很低很低的云
- 莱昂纳多·科恩
- 漂亮的电脑桌面背景
- MSN头像
- 手帕
- 平底鞋
- 数字7
- 海
- 海鸥
- 游泳
- 书签
- 双层BUS

- 可爱的窗帘
- 耳饰
- 钢琴
- 电影
- 啤酒
- 中南海
- 叶子
- 蓝色
- 白色
- 文身
- 腕饰
- 长发
- 话剧演出
- 匡威
- 月亮
- 星星
- 火车
- 夕阳

- 莱卡相机
- 草地
- 大床
- 流氓兔
- 白水煮萝卜
- 饭团
- 果酱
- 泰迪熊狗狗
- 发自内心的笑容
- 细长的手指
- 袁惟仁的歌
- 篮球
- 斑驳的树影
- 夏天
- 老式挂钟
- 小孩子
- 牛仔裤
- 奶茶

- 贺卡
- 自行车
- 彩虹
- 单人沙发
- Latte Macchiato
- 无隔间的房子
- 帆船
- 很薄的白色T-shirt
- 摩天轮
- 本子
- 杯子
- 猫咪
- 舒洁纸巾
- 咖啡
- 白煮蛋
- 黑巧克力
- 风铃
- 复古皮鞋
- 帆布包

写下你喜欢的东西:

- 书
- 包
- 衣服
- 图书馆
- 指甲油
- 猫咪
- 小狗
- 鞋子
- 裤子,裙子
- 香水

- 唇膏/油
- 耳机
- 床
- 帽子
- 笔带
- 银杏树
- 青尨散草
- 花 flowers
- 电视机
- 电脑

- 手机
- 水 water
- 德克士/肯德基
- 耳环
- 戒指
- 手链
- 项链
- 杯子
- 画
- 教堂

- KTV
- 食物
- 自行车
- 雨伞
- 手套
- 围巾/脖
- 听音乐剧
- MP3
- 洗面奶
- 面膜

- 地铁
- 清新的air
- 蓝天白云
- 电筒、灯
- 袖套
- 钢琴
- 芝士黄油
- BB霜
- 蛋糕
- 葱油饼

- 薯片
- 坚果

随身带手帕
Carry a handkerchief

现在还有多少人在用手帕呢?

当你在餐厅里大喊"服务员,餐巾纸"的时候,是否想过,每天地球上有多少棵树木被砍倒,然后被切碎,做成一张张纸巾?

如果你看过电视里揭露黑纸巾工厂的情景,你还愿意把那张看似洁白的纸巾放到嘴边吗?

也许你可以和我一样——随身携带一块手帕。

记得小时候,妈妈总是把手帕叠起来,用别针别在我的肩头,需要用的时候,就把它拉过来用一用。

试想一下,如果你现在开始用手帕,是不是还能找回童年那种温暖的感觉?

更重要的是,当你开始随身带手帕,你就拥有了另一种生活态度:爱自己和对得起地球。

随身携带手帕,除了不会浪费纸,同时也是一种美学体验,它还能给周围的人传达你的环保意识。一条干净的手帕,能为你的人格魅力添色不少。

当你去不同的地方旅行的时候,试着去淘一些当地的手帕,这是一种别具一格的"特产"。不同的国家、不同的民族,都有不同质地布料和图案的手帕。不同的手帕,拿在手里,手感也不一样,每一块手帕,都有它自己的故事,每天随身携带不同的手帕,也是携带一份多彩缤纷的"环保心情"。

原来快乐很简单
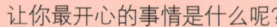
In fact happiness is very simple

让你最开心的事情是什么呢?

有人可能会说,是和男友去看电影的时候,或者单位发奖金的时候,或者考上理想的大学的时候,甚至中彩票大奖的时候……

有一天,我看了某期《环球邮报》精选刊登的"25件最开心的事",看完之后恍然大悟:原来,会让我们开心的事,竟然都是一些小得不能再小的生活琐事。甚至,因为这些事情太小,我们已经"开心"了,却没有注意到。

现在,我们再来一起看看这些小事是什么。请你感受一下,是不是看到这些文字的时候,世界瞬间就变得美好了起来呢?

25个最开心的生活细节:
25 happiest details of life

1 整理穿过的衣服,发现口袋里面竟然有钱。

2 成功赶上将要出发的汽车或火车。

3 当电梯门快要关闭的时候,有人为你按着电梯门的"开"键,门又开了,等你进来。

4 电话响了,是你在等他电话的那个人。

5 请别人为你挠背,她一下子挠到了最痒的部位。

6 突然想起小时候最好的朋友的电话号码。打过去,接通了!

7 你打算买的东西降价了。

8 干净利落地撕下有黏性的价格标签。

9 衣服上弄了污渍,但轻松洗掉了。

10 把手指上的刺挑出来了。

11 倾听烤肉在烤架上发出"咝咝"的声音。

12 一下子将废物扔进了垃圾箱,太准了。

13 想着今天是星期三,其实是星期五。

14 把最后一块图案放进拼图里。

15 从洗衣机里取出的两只袜子刚好是一双。

16 完美地磕开一个鸡蛋。

17 收到一封信,是手写的。

18 清空电脑的回收站。

19 换了张干净的新床单。

20 坐飞机时,一大排座位就你一个人。

21 炎热天气喝下一杯冰水。

22 下雪后,第一个踩出脚印。

23 开了半天车,一路都是绿灯。

24 排队时,你所在的队伍最快了。

25 广告时间换了频道,返回来的时候节目恰好开始。

我们并不是拥有太少的时间，
而是拥有太多我们不用的时间
We do not have so little time,
but we have much useless time

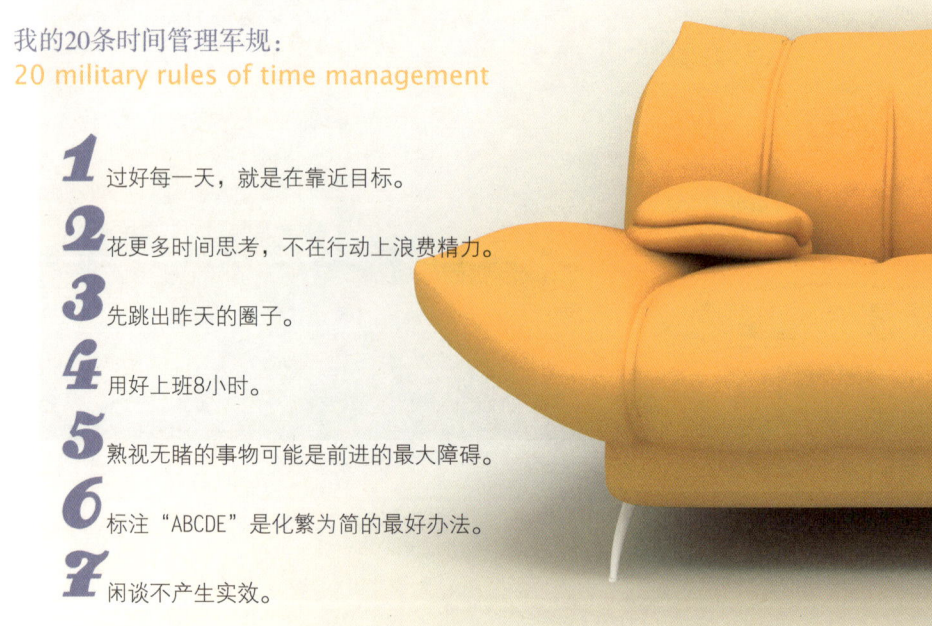

你是不是觉得每天都过得很快？
明明自己已经很努力了，完成的事却还是很少？
是不是总在忙、忙、忙，却没有相应的收获？
也许你该思考并行动——该管理管理自己的时间了！
一个人的时间管理和他的自信、对生活的掌握和他的能力与理想都有绝对的关系。一个会管理自己时间的人，不但能做更多的事，还能让你更接近自己的梦想，更能让你有足够的时间享受生活。
把下面这个"时间管理军规"贴在你的桌上吧！让它每天提醒你去做到。

我的20条时间管理军规：
20 military rules of time management

1 过好每一天，就是在靠近目标。

2 花更多时间思考，不在行动上浪费精力。

3 先跳出昨天的圈子。

4 用好上班8小时。

5 熟视无睹的事物可能是前进的最大障碍。

6 标注"ABCDE"是化繁为简的最好办法。

7 闲谈不产生实效。

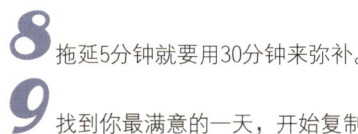

8 拖延5分钟就要用30分钟来弥补。

9 找到你最满意的一天,开始复制它。

10 坚持做好自己的,不要太在意对错。

11 你还在为一顿饭而工作吗?

12 想要生活不乏味首先自己不要乏味。

13 计划不如变化,要善于调整。

14 用书来开拓视野,用计划改变人生。

15 不要再懒惰。

16 他人的需求就是你的资源。

17 在不断抛弃旧怨中新生。

18 今天睡觉前,安排好明天的一切。

19 放松的活动,要在辛勤的劳作之后。

20 停止在被窝里胡思乱想、患得患失。

一定要记住,这个世界上,你最富有,因为你"有时间"。而比你更成功和更快乐的人,只是比你更好地利用了自己的时间而已!

享受寂寞
Enjoy loneliness

寂寞是什么？
寂寞是夜晚一个人坐在巴士上，看路边不停变换的灯光、树和行人。
寂寞是听到一句熟悉的歌词，想起某个人。
寂寞是一个人看电影，流着泪。
寂寞是站在空旷的地方，看天空中的飞机远去。
寂寞是路过一家曾经和喜欢的人一起去过的餐厅，看见餐厅在被拆除。
寂寞是拿起电话，按下号码后，却迟迟没有拨通绿色的按钮。
寂寞是打电话给一个人，他却说：我很忙，待会儿再说。
寂寞是鼓足勇气发出一条短信给想要联系的人，第二天醒来，仍然没有他的消息。
寂寞是蜷缩在被子里睡觉，翻身的一瞬间。
寂寞是看见恋人牵手擦肩而过，而自己只能双手插兜，一手摸手机，一手摸钥匙。
寂寞是冬天的时候，在寒风中，裹紧自己的大衣。

有一天，我醒来，屋子太黑了……一声惊雷，雨噼里啪啦地落了下来……
听着雷声，一个叫寂寞的小东西开始慢慢拱出它的小头。
我一把把它捉住……

掀被起床……把窗户一个个打开……新鲜的空气灌进来，雨丝也混了进来，那又何妨？
把电脑搬到窗前……
一杯白水……
坐下来……
这样的早晨，有多少人会在雨声中睁开眼睛，体会那份始终伴随着她，没有声音的孤独？
我深知寂寞的痛苦。
但此刻，我没有给谁打电话，也没有思念谁。
我只是温柔地抚摸了一下寂寞的小脑袋，把它按了下去……

在"将爱"的日子里,照顾好自己
In "Future Love" days, take good care of yourself

爱,是一件很玄的东西,玄就玄在:就算世界上最知道如何去爱的人,也不知道爱可以爱多久。所以,爱最美好的阶段,在"将爱"的过程中,在等待的过程中。因此,在"将爱"的日子里,你更需要照顾好自己。

1 你要努力保持好身材,不能因为一个人就暴饮暴食、自暴自弃。

2 你要好好睡觉,不熬夜,不要长黑眼圈。

3 你要护肤、修眉,用好的化妆品。

4 你要多读书,努力让自己心智成熟。

5 你要听好音乐、看好电影,修炼自己的气质,还要懂一些小幽默。

6 你要熬汤、做饭、照顾好自己的胃,将来他的胃也要靠你照顾。

7 你要好好工作,银行里放一点钱,将来的家,需要你们两个人去经营。

8 你要交上两个至亲的好友。

等你照顾好了自己,将爱的日子可能就要结束了。也许,你还会非常怀念,这美好的一个人的时光。

装饰你的墙
Wall ornament

怎样才能让自己的小房间更舒服一点?
为日常生活添加一些颜色和有乐趣的道具吧!
不管你住在什么样的房子里,如果你想换一换心情,让空间变得丰富和"有感情",最好的办法是添置或者换掉家具。但是,每天要忙的事情太多,银行里的钱只想用在更重要的事情上……那么,你可以做一些没有太多压力的事情——在墙上,做一做文章。

- 马上改变气氛的"魔法棒"——搁架

搁架很简单,就只是几块木板而已。但是,当你把它装在墙上,马上就体现出现代感,你的空间马上会变得立体起来。更重要的是,它除了装饰功能以外,还有搭配功能,你可以在上面随意搭配画框、小盆景、照片、书本……

- 搜集你喜爱的图片,铺满一整面墙

什么图片都可以,全都是你喜欢的。你的家,会像一个艺术画廊一样。
你会发现这样做会让你的房间马上变得惹人喜爱,并且你每天都非常想早点回到家!

- 色彩空间

自己动手画一些完全是色块组成的画,挂起来。
有了色彩空间,你每天都能保持缤纷的心情和最佳状态!

- 明星照片

注意,我说的明星照,一定要是你最喜欢的明星。那张照片,也一定要不矫揉造作,你可以选择挂在墙上,也可以就放在地上,随意地靠着墙就行。

小客栈之旅
An inn trip

一个人,来到这个世界上,总是需要走陌生的路、看陌生的风景、听陌生的歌,才能不枉拥有此生。

一千个人,能说出一千个旅行的意义。比如,我最喜欢的,就是坐在车里,看着窗外一点一点流逝的风景,内心流淌最敏感的心事。

一个人的生活,更需要旅行,因为可以把自己放空,丢掉原来生活的价值观和沉重的压力,融入新的风景,和新的路人交朋友。

最近,我发现了一个新的旅行的乐趣,那就是"住游"。

"住游"就是去一个地方,不是为了观光,只是在当地住下来,然后像当地人一样生活几天。

商业化的观光景点,已经不能满足我了,我喜欢上了这种"慢走、慢游"。

"住游",当然要选择好住的地方了!

家庭旅馆和小客栈,有着人情味的经营方式,旅行团肯定是不会带你来这样的地方的。

小客栈,一般只有几个床位,和主人共用客厅,在房间里,就能听见主人和家里人用当地的话聊天。有时候,主人还会邀请你和他们一起在一个饭桌上吃饭。

更重要的是,住小客栈,只需要很便宜的价钱,有的甚至只需要住酒店一半的价钱。

小客栈的信息,在各种旅行论坛上都可以找到,你可以多看看旅行者的点评,找到你觉得最温暖、最有人情味的那一家。

当你和来自四路八方的人聚会在小客栈的客厅,围着炉火,一起喝酒、聊人生,你会觉得,原来这才是旅行最美的风景!

沉默的一天
A silent day

你可以做到一整天不说话，或者少说话吗？
你认可"沉默是金"吗？
只有经历过一些事情的人，才会懂得沉默的珍贵。

有的人讲话非常幽默，浪得虚名，但是对真正有意义的讨论，他却毫不热心。有时候，我们还会发现，好多被人津津乐道的学问却都是些陈词滥调……
保持沉默，是一门艺术，对于自己所了解的话题缄口不语，别人会认为你是谦逊；对自己不了解的话题保持沉默，别人也不会认为你无知。
善于沉默也是一种修养。

1 沉默不但要节制说话，还应当控制自己的表情，要知道不安的表情仍然会暴露一个人内心的焦虑和匮乏。

2 善于沉默者，更能获得别人的信任，因为没有哪个人愿意把自己的隐私披露给长舌妇。

3 当你学会少说，沉默将如垃圾工人一样消除你思想中的累赘和混乱，使你的思路更加清晰。

4 该沉默时沉默，不该沉默时就别沉默。

所以，拿一天来学习保持沉默吧！就在这一天，尽量少说话，好好感受沉默给你带来的各种新体验和好处，然后慢慢地将它养成习惯。

如果今天是最后一天
If today was the last day

　　每当遇到什么不顺心的事情，我总是以"如果今天是此生最后一天"来调节自己，很有效果，百试不爽。

　　有一天，我因为极度自信，把近四十粒同仁堂乌鸡白凤丸同时倒进了嘴里，然后喝下水。就在我努力让这些小药丸在嘴里排好队冲下肚的时候，一粒顽皮的小药丸冲出了队列，它显然不想过"被安排"的生活，它对我食道旁边的另一条"小径"充满了好奇，于是它溜过去了。

　　我只感到气管一阵强烈的刺激！紧接着呼吸不顺畅了！这时候我的第一反应是大咳一下，让丹田之气将这粒迷路的小药丸冲出来。但是，我脑子以迅雷不及掩耳的速度告诉我这样做的结果是：满嘴的水和近三十九粒小药丸会被喷出，在空中发射，散落在电脑屏幕和办公桌上……而此时，我的同事们正在我办公室门口来回地穿梭忙碌，说不定就有谁一脚踏进来……

　　就在进行这样激烈的思想斗争的同时，我的脸已经变成了紫色，我双手掐住自己的脖子，脑子里像放电影一样，出现了新浪或者126社会新闻网页："一女子因吞食乌鸡白凤丸窒息，专家提示要少量多次吞服"……我的脑子越来越蒙了，手足无措之间，我想到了还没实现的愿望：我还没办理港澳通行证呢！我还没去古巴呢！我的丙烯颜料还没开始画呢！我还欠同事们一顿饭……更重要的是，我还没结婚呢！

　　愿望是人活下去的唯一动力，在无数个"我还没有"的刺激下，我发现桌上的一角有一瓶只剩1/5的矿泉水（可能已经放了一个多礼拜了），我抓起它就往嘴里灌……大概顽皮的小药丸溜到了气管才发现那条路不如它想象的那么顺畅，看见大部队已经走了，它赶紧跟上……

　　啊——我舒服了……我深吸一口气，决定中午就把欠同事们的那顿饭请了。

　　那天之后，如果有什么不顺心的事情，我就想：得亏那天没挂掉！就什么问题都解决了！

亲近土地
Close to the land

前几天,妈妈在电话里对我说了一个对未来的计划。

她说:"如果你将来有了孩子,就送来乡下,我帮你带着,我会在他开始懂事的时候,就开垦一块土地,教他种花、种菜、种麦子,让他从小就认识各种各样的植物,并且看着植物是怎么从一颗小种子发芽、长大的……

"要从小就培养他对土地的感情。"

妈妈的话,真的让我非常感动。

亲近土地,照顾绿叶、花朵及蔬果是一种"很崇高的经验",那是一种物质与精神交会的活动。

走近土地,去亲近那些居住其中的爬行动物,用牛粪来当肥料灌溉土壤,都是与大地接触的最原始、最质朴的方式。

种下一颗种子,看着它从土里钻出来,生命就这样产生并成长。这样的过程实在是难以用物质道理来解释的。

想拥有一个丰富而满意人生的人,怎么能错过和土壤的亲近呢?

但是,如果你没有时间去大自然,就在家的附近,做做小小的园艺也可以。即使你的园艺空间只限于窗台或是阳台,它也能让你忘却一天当中所有不快乐的事。

1 将小花园设计得简单而且易于维持：

选择简单的结构，多种些不需花很多时间维护的多年生植物，千万别把工作狂的倾向带进园艺活动。

2 善用自然环境和原有素材：

将现有的树木与矮丛照顾好，一堆小石子也能成为一块小小的石头园地，一根老旧的晒衣杆也可以用来作为蔷薇的藤架。

3 只需要一点点行动：

在你的厨房门口种些草本植物或是种盆栽，摆在阳光充足的窗台上。有些蔬果也可以点缀放置在装饰用植物之间。利用自己栽培的花朵来布置你的客厅、房间或办公室。

4 一些小创意：

比如埋一封给未来男友的情书在一盆植物的土壤里，在某一天，让他去把它找出来。

你可以在和土壤、植物的接触中，得到愉快的独处时光。你的付出，会让你得到你所想要的那份宁静。

一个人看书之"关于爱,关于距离"
A person reading book, "About Love and Distance"

"我不知道,可能对我来说去或不去那儿已是无所谓了。我梦到那儿的次数太多了。"

1949年10月5日,在美国,一位32岁、名叫海莲·汉芙的独身女人,将一封信投进了邮箱。

先生:
　　你们在《星期六文学评论》的广告上说你们主要经营绝版的书籍,你们所用的"珍本书商"一词让我有些害怕,因为我害怕"珍本"总是与昂贵相联的。我是位穷作家,但对书却有一些"珍本"般的嗜好,我所要的书在这里都很难买到……零上我最急需的书的名单,如果你们有干干净净不超过五美元一本的二手货,请将此函视作订购单,并将书寄给我。

1949年10月5日
你忠实的海莲·汉芙小姐

这封信不久之后，就到达了伦敦查令十字街84号马克斯和科恩书店，这个书店混杂着霉味儿、长年积尘的气息，加上墙壁、地板散发的木头香……书店的经理弗兰克·德尔打开了这封信，并为汉芙找出来她需要的书，不但寄出了它们，还给她回了信。

于是，通信开始了。

汉芙穷困潦倒，善良莽撞，一心爱读书，连美元和英镑的换算都不会，她给德尔的信情感丰富，带着惊诧、喜爱、抱怨、感激、娇嗔、忧伤……时而欣喜若狂，时而感激涕零；有时，还捎带着顽皮地痛骂德尔一顿。

1949年圣诞节，她将一块重6磅的火腿寄往伦敦。那时候，英国经济困难，物资匮乏，汉芙自己手头也不宽裕，但她的慷慨大度给书店的工作人员带来了珍贵的美味和欢乐。从那以后，美味的食物源源不断地从美国寄往伦敦。

马克斯和科恩书店的店员们一直想象,这位汉芙小姐是一个年轻成熟时髦的女人。但汉芙告诉他们,她执拗邋遢,穿着破旧的睡衣,躺在自己的床上,翻看着从伦敦寄来的书和信。

20年来,德尔先生却从未在信中对汉芙的顽皮做任何回报,他是个绅士,是个好丈夫,他是汉芙的倾听者,从不主动提问,对于汉芙的东拉西扯只是三言两语地应答。但他兢兢业业地为汉芙寻觅好书,满足汉芙对书的挑剔要求。

直到1952年,德尔先生才在汉芙的强烈要求之下,将一贯"汉芙小姐"的称呼,改为"亲爱的海莲",写信的日期恰与情人节巧合。

亲爱的海莲:

我同意,现在写信给你,是该把"小姐"的称谓放弃了。我并不如你想象的那样古板,只是因为我所写给你的信,都要在办公室的卷宗中存档,所以我觉得正式的称呼更合适,但这封信与书没有关系,是不会被存档的。

……

真不知该如何报答你这么多好礼物,我能说的只是,如果有一天你来伦敦,桉原巷37号会有一张床给你,你爱待多久便待多久。

(1952年2月14日)

20年间,汉芙在查令十字街84号买了50本书。但是与书店的德尔先生及其他人的通信来往,却成了她生活中的一部分。

相隔万里,深厚情意,莫逆于心。

20年间,她很想去伦敦,但都因为穷困潦倒没有成行。

1969年1月,纽约冬天很冷。汉芙从图书馆回到家中。她手上捧着一摞书,走进楼门,从邮箱里取出信件,放在书上。在电梯中,她发现在那一大堆账单之间,有一封薄薄的蓝色的从伦敦寄来的航空信封。那封信似乎有些异样,她没太在意。夜深人静时,她才打开它。

信中的消息,是德尔的死讯。

……

在德尔去世后,德尔夫人写信给汉芙说:"……我曾经很嫉妒过你,因为弗兰克对你的信如此喜欢,你的信与他的幽默感又如此相同。"

书店的老板去世了,书店的门也许就要永远关上了。海莲伤心地翻阅存放在鞋盒中的、20年间与小书店之间的信件,整理之后在次年秋天出版。

这本书叫《查令十字街84号》。

书里还收录了她写给去伦敦的朋友的信:

亲爱的凯瑟琳:

我现在在家中打扫卫生,整理书架。偷闲坐在地上,四面地毯上散放的都是书。希望你与布莱恩在伦敦玩得愉快。他在电话里对我说:"如果你有路费的话,和我们一起去吧!"我几乎哭了。

我不知道,可能对我来说,去不去那儿已是无所谓了。我梦到那儿的次数太多了。我常常是为了看那些宽街窄巷才去看那些英国电影的。记得许久以前,有个人对我说,那些去过英国的人,都能在那儿找到他最想要的东西。我告诉他我想去英国,是为了找英国文学。他说:"它们就在那儿。"

或许在那儿,或许不在。看着四周地毯上散乱的书籍,我知道,它们肯定在这儿。

那位卖给我这所有书的好人几个月前去世了,书店的主人也死了,但是书店还在那里。如果你正巧经过查令十字街84号,能否为我吻它?我欠它的实在太多了。

(1969年4月11日)

这本书出版以后,她终于有机会去了伦敦。

在街道杂乱、墙壁陈旧、光线斑驳的伦敦街头,她走下出租车,游移的目光掠过那一家家摆着书的橱窗,68号、72号、76号、78号、82号,寻寻觅觅,最终停了下来。

但面前却是空空的房子,布满尘埃。

她信守了诺言,但空屋中并无人回应。

泪水静静地爬满了她的脸。

海莲·汉芙,出生于1916年4月15日,死于1997年4月9日,终身未嫁。

现在的查令十字街84号,在周边林立的书店中成了一家酒吧连锁店的铺面。

一个人的精油灯
A person's essence oil light

特别喜欢在一个人的夜晚，夜色渐黑，点一盏香薰灯，往水里添几滴甜橙精油；泡一杯花草茶，让甜香静静地缭绕，人渐渐放松下来，疲惫缓缓地流逝……

精油，不但是植物的精华，更是一门高深的艺术。有越来越多的人热爱着它，有的人，甚至把它称为"芳香疗法"。

有专业的"芳疗师"说，精油的本质是调节情绪。它能通过特定的香气"唤醒"尘封已久的美好记忆：对未来的憧憬、对生命的信任、对微小事物的欣赏、对大自然的欢愉……当这些快乐情愫从内心深处释放出来时，我们便能放松僵硬的头脑，让我们豁然开朗，不再紧紧地抓住以前过度执著的事物不放……重新学习如何"舍得"、如何"身心安顿"。

如何使用香薰呢？
How to use aromatherapy?

香薰精油原本就是挥发性高的油质，所以只要打开瓶盖，香味就会四散。不过，如果你忘记盖上瓶盖的话，一瓶精油会很快用完，这样会比较浪费。

其实最简单的方法，就是将它滴在装满热水的杯子里，顿时怡人的香味会立即充满整个屋子。这样香气就散溢在房间里了。

大家最经常用的方法，就是使用香薰灯，把精油倒几滴在灯里，让灯泡的热度挥发精油的香薰。

十二种经典香薰精油的功效：
The efficacy of 12 types of classic aromatherapy oil

1 玫瑰。玫瑰油是最名贵的精油。一滴玫瑰精油可以媲美多种其他精油。根据中医的经验，玫瑰花可以消除情绪郁结，放松身心。

2 天竺葵。天竺葵是一种极好的平衡剂。一天工作劳累之余，用几滴天竺葵精油沐浴，能很快消除疲劳。

3 山茶油。山茶油有极广的用途，它能抗菌、抗病毒及杀微菌，能增强人体免疫功能。

4 丝柏。丝柏油是由法国产的柏木叶及果实蒸馏而得，有很强的木香味，能消除精神紧张。

5 松脂。松脂油能舒缓因感冒及咽喉充血、水肿带来的不适，并能促进血液循环。

6 乳香。乳香对精神恐惧和情绪波动有镇静效果。它能帮助入静，有助冥想，还能消除恐惧及恶梦，增强安全感。

7 薰衣草油。薰衣草有多个品种，但以地中海地区出产者为佳，是最常用的一种精油。它能舒缓神经、镇静情绪，有促进睡眠等多种效用。

8 柠檬油。柠檬油是用柠檬果皮压榨而成。它含有一般柑橘类产品的芳香味，是一种极好的提神剂及清新剂。

9 橙皮油。橙皮油由果皮蒸馏而得，用蒸发皿将橙皮油气化，吸入后令人特别轻松愉快。

10 薄荷。薄荷油有"头部万灵药"之称。它有令人头脑灵活、思维清晰的效果。

11 檀香。檀香由檀木树心部分的树脂蒸馏而得，有一种香甜的气味。它能消除人莫名的恐惧。印度人长久以来用檀香木做香料燃烧，它能帮助人入静及冥想。

12 广霍香。富有东方魅力的香味，它能消除焦虑及忧郁。

找到那么一个人,知道你全部的心事
Find the person you can talk with all your worries

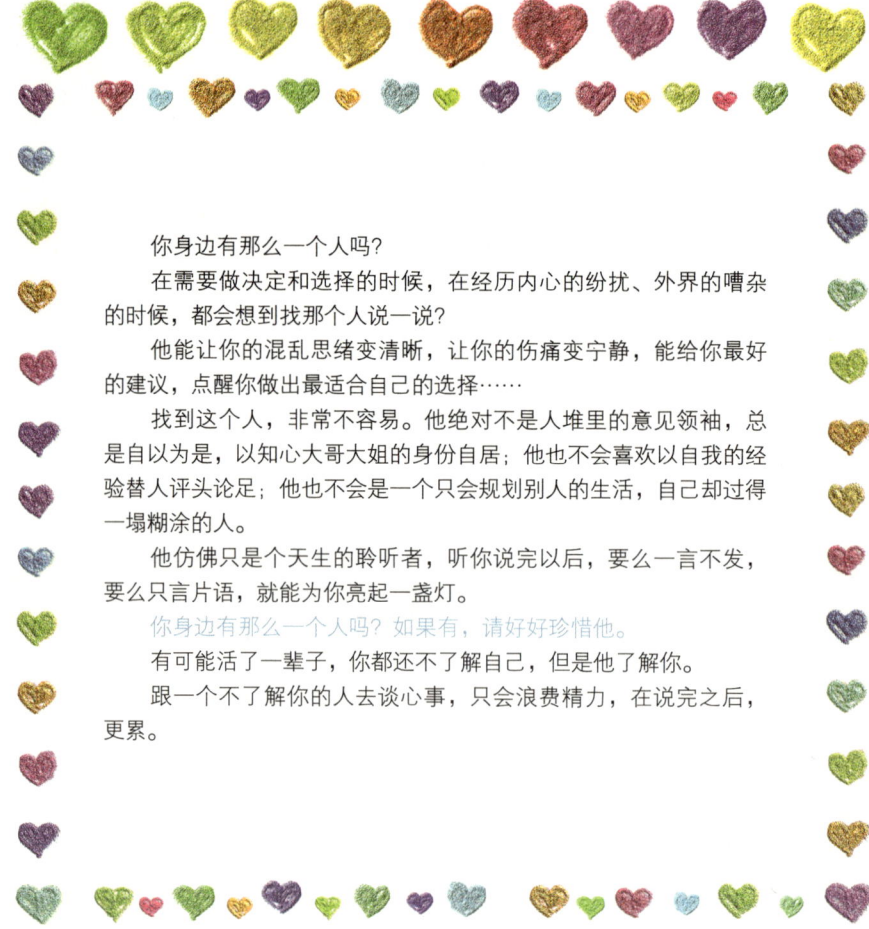

你身边有那么一个人吗?

在需要做决定和选择的时候,在经历内心的纷扰、外界的嘈杂的时候,都会想到找那个人说一说?

他能让你的混乱思绪变清晰,让你的伤痛变宁静,能给你最好的建议,点醒你做出最适合自己的选择……

找到这个人,非常不容易。他绝对不是人堆里的意见领袖,总是自以为是,以知心大哥大姐的身份自居;他也不会喜欢以自我的经验替人评头论足;他也不会是一个只会规划别人的生活,自己却过得一塌糊涂的人。

他仿佛只是个天生的聆听者,听你说完以后,要么一言不发,要么只言片语,就能为你亮起一盏灯。

你身边有那么一个人吗?如果有,请好好珍惜他。

有可能活了一辈子,你都还不了解自己,但是他了解你。

跟一个不了解你的人去谈心事,只会浪费精力,在说完之后,更累。

你的心事，只留给懂你的人。

在家里举办睡衣派对
Hosting a pajama party at home

你试过穿着睡衣和一群人狂欢吗?

想和你最好的朋友们卸下平时累赘的"面具",回归到最朴实的一面吗?

你可以在家举办一次睡衣派对,让你的朋友带上心爱的睡衣到场。这次别出心裁的派对,一定会成为你和朋友们的难忘经历。

平时在办公室,大家总是穿一本正经的工作服,难得大家出来聚会,穿休闲服也不够过瘾,那就穿睡衣好了!

穿睡衣时,人会处于一种休闲、放松的心理状态。穿着睡衣与朋友见面,一来觉得很轻松,二来有种坦诚相对的感觉,交谈会比较放松,人与人之间的防卫心理消除了,可以更深入地与大家沟通。

我有的朋友,尤其是女孩子,喜欢参加睡衣派对,是因为她们有好多可爱的睡衣,如果自己在家穿就太闷啦,参加睡衣派对,就可以闪亮地show出来啦!

1 你需要在家里开辟出一个地方,给朋友换睡衣,因为大家不可能穿着睡衣就出门。

2 你需要为大家准备一些水果、点心、适量的酒。

3 睡衣派对离不开音乐,但是,不要放轻音乐,要够劲爆的才行,这样才能营造够high的气氛。不然,轻松的音乐,加上睡衣,大家恐怕都要睡着了。

4 夏天的睡衣派对和冬天的不一样。如果是冬天,一定要保证你家里的暖气够足哦!

5 除了睡衣外,还可以提醒朋友,带上床上的公仔或抱枕!

6 准备一些游戏或话题,要大家积极地参与。

7 如果别人穿的睡衣和打扮很出彩的话,不要忘记赞美一声!

再去泡一次大澡堂子
Go to a large bathhouse again

还记得小时候，被妈妈带到澡堂子里去洗澡的情景吗？

热气腾腾的大房子里，一排又一排的喷头，喷头之间没有隔断，热水和凉水分别从两个水管里流淌而出，一般要把它们调配好，需要一段时间。这期间，身体要么被烫得跳起来，要么被冻得打哆嗦。小孩子都被大人拉在身边，第一次进澡堂子的小孩子，一般被水一淋，都会吓得大哭。

我对澡堂子的记忆，还不止这些，还有被妈妈拉进澡堂的小男孩磨磨蹭蹭的脚步，以及眼睛进水的刺痛。如果妈妈发现我的眼睛进水了，就会用打满肥皂沫子的手在我脸上一胡噜（其实这样就更难受了）。

长大以后，每个人家里都装了热水器，有了浴室，对澡堂的记忆也就渐渐淡去了。

今年，因为公司搬家到了北京的一个胡同里，我无意中在胡同的一个角落发现一个澡堂子。于是，有一天，就特意带上洗澡的东西，进去了。

凡是澡堂子，走进去，都会有热气腾腾的感觉，空气中，有各种清洁浴液的香味。澡堂里面的人，都是普普通通的人们，大家站在喷头下面，当一大股热水从喷头淋在身体上的时候，每个人都是放松又享受的表情，仿佛每个毛孔都张开了。

澡堂子里还有搓澡工，用的是一次性的搓澡具和搓澡毛巾，大可以放心地躺上去，感受浑身上下包括每个脚趾头之间，都被清理一遍的愉快感觉。

在白白的蒸汽中，一个小孩子被拉进来了，在她的眼睛进水、被妈妈抹一把脸的那一刹那，我仿佛看见了童年的自己。

从澡堂子出来，比平时更清新和凉爽的空气扑面而来，披着湿漉漉的头发，从热闹的街道走过，心情真是无比愉快！

如果你在的城市有开了好多年的澡堂子，去泡泡吧，花几块钱，享受享受市井生活，体验那种不一样的愉快感觉。

相信一个叫"命运"的力量
Believe the power of "destiny"

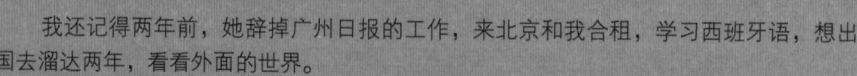

很高兴在QQ上又遇见R。
她说,婚已经结了。美国签证已经拿到了。
真替她高兴。

我还记得两年前,她辞掉广州日报的工作,来北京和我合租,学习西班牙语,想出国去溜达两年,看看外面的世界。

我们一起做饭,她很会煲汤。周末互相换着衣服穿,踩着高跟鞋去三里屯玩,冒着大雨在街上打车……

后来,语言学完了,她却被拒签两次……她男朋友又和别人有染……欲罢不能。

那段时间,她过得很糟,经济很拮据,很长时间找不到工作,每天就在家里上网……

那时候,我对她说得最多的话就是:你要独立啊!你要独立啊!要积极一点,很快就会峰回路转……

但是,她还是萎靡不振,天天待在家里,找工作也不是很顺利。

后来我们分开住了,知道她在新浪找到了一份实习生的工作……再后来,经常会看见她在线,在加班,工作到很晚,工资还很低,我们一起在QQ里痛骂她的单位……

再后来,联系慢慢少了……我知道她开始过得好了……

两年以后,有一天她突然说:"6月1日你来武汉吧?我要结婚了,然后和他去美国读博士。"她传来了男友的照片,很可爱的一男生,比她过去那个好看多了。我说:"我就说吧,当初,不要为前男友要死要活的,这扇门关了,那扇门打开。你那个时候多绝望啊!现在,不是一切都好起来了吗?"

这时,她说了一句话,让我很难忘记,"你没发现,我并没有做什么,只是有一股力量在推动吗?那个时候,我怎么努力都没用。后来,我什么都没做,突然就来了一个好男孩,迅速结婚,好婆家,然后出国了……"

我说:"这就是叫命运的东西吧!"
她说:"是的!"

我说:"所以干脆懒得去想了,做眼前的事,心里充满希望就行了……"
她说:"对的。"

一个人生活,也要为地球尽一份心力
One person also should contribute to the earth

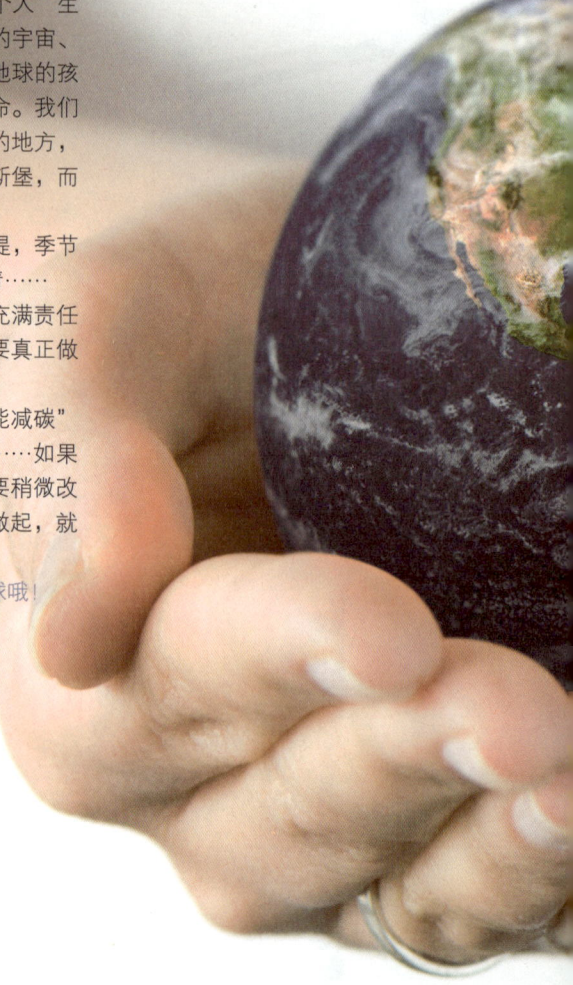

有时候想想,我们即便是在"一个人"生活,其实也不是孤立存在的,在浩瀚的宇宙、漫长的时空里,我和周围的人,都是地球的孩子,我们在这个蓝色星球上,相依为命。我们自己,其实是非常渺小的,我们生活的地方,不是北京,不是纽约,也不是约翰内斯堡,而是——地球!

地球环境的恶化,每天都有人在提,季节反常,气温升高,每天我们都在感受着……

很多人都认为,"环保"是一件充满责任感、庄重和严肃的"大事",但是,要真正做起来,"有点麻烦"。

错了!环保不是一句空谈,"节能减碳"也不是国家领导人和环保人士的议题……如果你是一个对地球有责任心的人,只需要稍微改变一下习以为常的生活习惯,从小事做起,就能成为"环保人士"。

换句话说,吃喝玩乐,也能救地球哦!

● 在家里安装一个能够关掉所有插座的电源，出门时，就随手按一下，这样就能让电视、微波炉、小家电统统断电。

● 去买珍珠奶茶或咖啡的时候，带上自己的杯子，一次性杯子在制作和运输过程中，消耗了地球大量的能量，而且在用完之后，不会消失不见。现在，海面上已经形成了塑料垃圾堆积而成的垃圾带，相当于玉树自治区的两倍。我们需要考虑这个问题。

● 减少欲望，减少购物。为什么日常生活中，需要那么多无用的物品？我们每天从早到晚需要的，不就是那么几件东西么？

● 关紧冰箱。

● 多步行，骑自行车，减少驾车。

● 买食物的时候，选择生产地离你家近的食物，这样可以减少运输过程中的能源消耗，还能吃到新鲜的东西。

● 学会用扇子。

把压力扔进垃圾筐
The pressure is thrown into the trash

曾经,"没办法,压力大"是我的口头禅,每天都会在不同的情景下被我提到。

因为这句话,脸上长了好多小痘痘。因为这句话,经常觉得肠胃不适,睡眠不好,"大姨妈"总是不按时来……因为这句话,每天脾气都很暴躁,面色发黄,抹多少粉底都遮挡不住。

难道,就没有一种和压力和解的办法吗?

有的压力,也可以是你的朋友,它的存在,也许是为了提醒你些什么,比如:

- 压力会提醒你:也许该有所行动了!该发挥你的潜力和创造力去开始新的生活了。
- 压力会提醒你:这件事情很重要!
- 压力会提醒你:该好好维护人际关系了!

现在,我们来找找我们的"压力源":
Now we come to look for sources of pressure

- "认知不够"。让我们感到压力的事情,往往是我们没有充分认知的事情,也就是说,我们的"见识"不够。
- "完美情结"。追求完美的人,肯定会有很多很多的压力。
- "不自信"。不自信的人,凡事都会往坏处想,压力自然就会源源不断地来。

　　找到了压力源，我们就知道该怎么来改善了，除了开始去多学习和多关注社会热点，接受外界信息，和比自己年纪大、情绪自控能力更强的人做朋友之外，你还可以配合一个减压的小游戏！只要开始做它，你就不再是一只"情绪不好的刺猬"了。

　　"把一些废纸搜集起来，在你感觉压力大的时候，一张张捏紧在手里，然后把它抛进垃圾桶。"

　　对，就这么简单，在捏纸球的过程中，你可以想想，你把这些苦恼都揉碎在这张纸里了。然后当你把纸球扔进垃圾筐时，你就该和这些烦恼说再见了！

不买车，不买房，去流浪
Do not buy cars and houses, go run the streets

在马桶上翻《读库》，看到一句话："人来这个世界，就是服一生的苦役。"突然想起身边的好多人，心里难免酸楚。晚上看日本一个专栏作家的访谈，他说到，日本人结婚的时候，男方会说一句话，不是"我会让你一辈子幸福的"，而是问一句"你愿意跟我辛苦一辈子吗"。看到这句话，我鼻子又酸了，这才是真话。

不知道多少人和我一样，春节回家，家里来了亲戚，最容易问到的三句话是："你结婚了吗？""现在一个月挣多少钱？""买房了吗？"（如果回答买了，"多大平方米？"）在家看了一集相亲节目，嘉宾回答主持人提问的时候，"有房产吗"、"有车吗"是必问的话题，一个同样年轻的、从事环保工作但是年薪只有2万的年轻人，面对所有的女孩子都把灯灭了的情况下，他说："……我很生气！姑娘们，你们懂不懂什么叫'人生如寄'？我们被暂时寄托在天地之间，不属于这里……那些房子，也有寿命，即便你买了它，它也不属于你……

"一个大房子，它怎么能成为人生的

追求？成为爱情的条件？为了它，欠下半生的债。那么年轻，可能因为房子在一个地方，就不动了，就被一个房子固定在一个城市。可是这天地广阔，我们来一趟，就此不动了，合适吗？值得吗？"

我想起在英国念书的时候，遇到的30岁的日本女孩马蒂果，在日本大学毕业以后，去了西班牙做健身教练，然后来英国，几个月后离开，继续在欧洲游荡……因为身上的自由气息，她的神色是放松的，笑容是迷人的……

还有在香格里拉旅行时，遇到的肥肠强（因为他的名字带一个强字，并且进了饭馆，必点肥肠），染了黄发的香港男人，辞掉了工作，带了3万元，在亚洲走了大半年，一大圈。当他从包里掏出玉兰油的防晒霜与我们分享的时候，他是多么可爱啊！

"那些还没大学毕业就开始筹划着买房子的孩子们，你真的愿意就这样被一个房子定下来了吗？你真的愿意为了一个睡觉的空间而奋斗一生吗？" I like it

办公桌上的"风水鱼"
Geomantic fish on desk

　　也许你并不是一个"迷信"的人,但是一条条颜色鲜艳、游来游去的小鱼,不但能给你的办公环境带来无尽的乐趣、透亮的水和鱼缸里的绿色植物,还能净化办公室的空气,增加室内的湿度,何乐而不为呢?

　　凤凰卫视里,一个风水专家说:在办公室里,精心养一缸"风水鱼",能够让你在一段时间内无往不利,大吉有晋升机会,小吉也能让小人见你绕道走,心境平和,减少纷争。

风水专家的建议：
The suggestions of Feng Shui experts

1 如果你属龙、鼠、猴：在办公桌的西侧摆放鱼缸，会更容易获得他人的理解和帮助，减少工作中的误会。

2 如果你属羊、猪、兔：在办公桌的西北方摆放鱼缸，会灵感不断，业绩提高，获得上司的认可和提携！

3 如果你属牛、蛇、鸡：在办公桌的东北方摆放鱼缸，会帮助你战胜困难，取得不俗的成绩。

4 如果你属狗、马、虎：在办公桌的东方摆放鱼缸，会平缓你工作中的焦虑情绪，思维更加灵活，在困境中转危为安。

其实，我也不是一个迷信的人，但是这两年"风水"很流行，就像受大家热议的星座一样。像养鱼这样本身就陶冶性情的小事，信一信也不是什么坏事。

当然，以上内容是我听风水专家说的，是真是假各位自己试试就知道了，我自己呢，既然已经开始这么做了，那就"信则灵"啦！养两条活泼的小鱼儿陪着自己，工作累的时候喂喂它们，看着它们快乐地游来游去，也不坏嘛！

大门口的钥匙碗
Key bowl of the gate

开心网上有这么一个投票：独居的你最害怕以下哪种情况？然后列举了一堆，有人投"打雷闪电"，有人投"出现一只小强"……我有一个朋友投了一个"晚上，有人敲门，问谁，也不说话"。

这个，我就经历过。

有一天，健身回来，累并舒服着，倒一杯水，开始看碟。

晚上11点多，有人敲门。

第一秒我认为不是敲我家门的。

又敲，确定了，我站起来，警惕性如牛市中的股票节节飙升。

"谁呀？"

不说话。还敲门。

"谁呀？！"我尽量让自己的声音听上去很凶悍。

"我！"这是最招打的回答。

我从猫眼望出去，是个老头，手里拎着一袋白菜，稍微放松了一点。

幸好我的房东装的是王力牌防盗门，门上可以开一个小窗户。我深吸一口气，拉开小窗户，脑子已如计算机，想好了，如果敲门的是什么什么什么情况，我该如何如何应对，最好这位爷爷是年纪大了，找错了家门。

"您有什么事吗？"

老头说："你的钥匙。"

"什么？"

"你的钥匙还挂在门上呢！"老头显然对我的防备心和警惕性有些反感，语气中带着点"我做好人好事，你还防我"的意思。

啊？！

我以最快的速度拉开门。

钥匙赫然挂在门上。

"下次注意啊！"老头说完，晃晃悠悠上楼去了。

同志们，多危险哪！我当时把钥匙取进屋，只感到血液倒流。

你怎么能那么不小心呢？你的房东花了几千块专门从浙江订购了中国著名品牌防盗门，她还骄傲地向你展示过这道门上下左右有四道锁，想配钥匙还得把原厂钥匙寄回厂家配。但是这样的防盗门要尽到它的职责有一个前提，那就是：不能把钥匙挂在门上！

我严厉地进行了自我批评之后，第二天，去买了一个漂亮的小瓷碗，放在门背后的鞋柜上，以后一进屋就把钥匙扔进去，随时检查，这样出门的时候也不用到处找钥匙了。

请一个人生活又马马虎虎的朋友，效仿之。

一生一定要尝试一次的游轮之旅
Do have a cruise in your life

自从看了《海上钢琴师》之后,就很向往坐上游轮,在大海上航行。

可惜,这个愿望,很长一段时间内都没有实现,因为我总认为,在四周都是海水、看不到陆地的时候,人一定会更加孤独,身边如果没有个伴,那会怎么样?

那时的我认为,游轮之旅,一定要和心爱的人一起去。

可是,前段时间,因为开始信奉"有些事现在不做,一辈子都不会做了"的生活原则,我不想等了,收拾行囊,自己出发了!并且,愉快地回来了!

因为厌烦了那种舟车劳顿的旅行,所以选择了游轮。在游轮上,一切都是慢的,吃住行都在船上,不用操心"行程",只需要白天在甲板上,找张躺椅晒晒太阳,听听音乐、看看海、发发呆就好了。

到了晚上,你可以翻一翻游轮上人手一份的"Today"小册子,上面有好多活动和详细的时间地点指南。你可以换一件晚礼服,去参加夜间的party,大跳热情奔放的salsa,还可以去学习烹饪,或者参加手工课程,或者在甲板上,对着马上要落进海面的夕阳,跟着专业教练,做一个精心瑜伽。

还有一个不能不提,也是我最看重的——美食!因为它是完美度假的必要条件。

游轮上的东西也很好吃哦!一天可以吃5餐!早上,从纯正意式咖啡开始,到囊括世界各地美食的自助午餐,品种多得让人挑花眼;下午茶有精美的甜点;晚餐和夜宵更是让人期待……

人在海上漂,我最喜欢的还是站在甲板上,看看远方,因为脱离了日常的俗物,所以心情无比放松。在甲板上,也是认识朋友的好地方,如果你遇见一个和你一样,从人声鼎沸的party跑出来,吹着海风,发着呆的人,不管是男是女,你们一定能聊得来。大胆地过去打个招呼试试看。

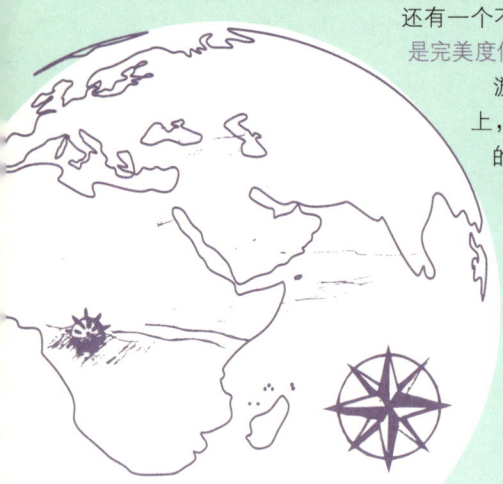

游轮度假小贴士：
Cruise vacation tips

- 很多游轮都倡导保护环境，所以房间里不会提供一次性牙刷拖鞋，需要自备。
- 留意每天房间门口的"Today"，上面写满了一天的活动内容。
- 要记得带一套正装，女士要带上高跟鞋，每晚甲板上的星光party，是不可错过的节目。热闹非凡的船长晚宴，大家也会盛装出席。
- 不管长途还是短途，游轮一般都会有岸上观光项目，你可以选择自己喜欢的线路上岸。
- 国际线路的游轮，可以全球预定，但一般要提前三个月。
- 如果遇到大风浪，需要带些晕车药。
- 带些零钱，方便给服务员小费。

废旧衣服做手工
Making things from waste clothes

衣橱里总有一些沉睡的旧衣，该怎么处理它们呢？厚一点的，可以拿去捐给慈善机构，薄一点的就很难处理掉了。这个时候，你可以让它们脱胎换骨一番，变成家里的新成员。

每种布料都有自己的长处，利用长处，改造成新物，这样既不浪费，又能给家里带来新乐趣。你可以先将它们归类，或按颜色，或按质地，然后看看怎么改造它们。

就以牛仔裤为例，它就能有很多变化！

牛仔灯罩：
卧室里的台灯罩好久没换新样式了，那就让牛仔试试吧。

牛仔布包：
夏天的白色布裙，还没有合适的包包搭配呢，不如，自己动手做一个包包吧，就用那条废弃的牛仔裤。如果喜欢可爱风格，还可以在包包边缘缝上白色的蕾丝花边。

牛仔书皮：

　　随身带的那个记事本，外皮已经磨损了，自己动手做一件外衣给它吧！牛仔封皮一定很结实、耐磨。再找两颗木质扣子，一根牛皮绳或者松紧带，装饰固定，更好地保护本本的私密性。

牛仔发带：

　　软一点料子的牛仔布可以用来制作发带。用两根牛仔布条，缝制成一个小筒，里面放一根软软的铁丝，缝进去，封口。这样，绑在头发上，可以随意拧出你想要的造型，比如一双牛仔兔耳朵、一个可爱的牛仔蝴蝶结等。

　　有了奇妙的想法，就尝试动手去做，说不定你能想出更奇妙的点子呢。

衬衣小猫：
Cat shirt

每个人都喜爱憨厚可爱的小猫，用废旧的花衬衣，做一只可爱的小猫玩偶，放在书架上或者当钥匙链，都很有个性。

1 剪裁部分布料，准备一点填充物。

2 小猫的形状可以按照你自己喜欢的来画，自由发挥，然后开始缝制。

3 缝合到耳朵以后，将填充物放进去，然后再把耳朵缝合。

4 然后给小猫画上嘴巴鼻子。

5 用黑线把鼻子和嘴巴缝出来。

6 然后用两粒小纽扣给它当眼睛，再剪裁一块小花布条。

7 给小猫系上花布条当围巾，就大功告成了！

一个人,也要吃好
A man also eats well

    如果你平时忙得连好好吃一顿饭的时间都没有,总是在街边的小饭馆凑合,那么今天,就回家,做几道温暖滋养的菜来犒劳犒劳自己的五脏六腑吧!虽然需要多花一点时间,但是当你把一道道色香味俱全的佳肴摆上桌时,你会觉得这个时间花得很值!

    在逛书店的时候,不妨买一本食谱回家。翻翻它,看看哪些菜看起来还不错,而且你过去从来没有做过它们。或者,看看哪些菜是你经常在饭馆里点,却从来没有亲手做过的。

    想要自己做做看吗?那就开始动手吧!

    你可以完全按照菜谱里说的来做,也可以充分发挥创意,做出你自己的感觉来。

    做完了菜,还可以请你的朋友们来品尝品尝,把聚会取名叫"尝新大会",如果你的朋友吃了以后赞不绝口,那么这些菜将正式进入你的"拿手菜"名单了!

尝试做做这几道菜：
Try to cook several courses

芝麻藕片

主料：藕250克、芝麻100克。
配料：油、盐、葱、干辣椒、淀粉、味精适量。
制作方法：
1.藕去皮，切成片，裹上淀粉。
2.芝麻炒熟，裹在藕片上。
3.锅放火上，倒入油，加热至六成热，放入芝麻藕片，呈金黄色时捞出控净油。
4.锅内留少许底油，放入干辣椒爆香，倒入炸好的芝麻藕片，加盐、味精、葱，翻炒几下即可出锅。

鲜味蒸豆腐

主料：嫩豆腐200克、蟹肉100克、豌豆80克。
配料：盐、味精、淀粉适量。
制作方法：
1.将蟹肉和嫩豆腐切成大小均匀的小块。
2.豌豆淘洗干净后放入沸水中焯一会儿，至八生熟后捞出。
3.将切好的豆腐、蟹肉、豌豆一起倒入蒸盘中撒上盐、味精后入锅蒸。
4.大约20分钟后将湿淀粉均匀倒入盘中，继续上锅蒸，大约再蒸20分钟后出锅。

香菇炒芹菜

主料：芹菜200克、香菇100克、火腿50克、胡萝卜30克。
配料：油、蒜、料酒、盐、淀粉、味精。
制作方法：
　1.将芹菜择洗干净，沥干水分后切成3厘米长的段；胡萝卜削去外皮，洗净后切成片；香菇洗净切片；火腿切成小片；蒜切末。
　2.锅内加油烧热，加入蒜末炝香，再加入火腿略炒一下，再加入香菇片炒匀，再加入料酒炒匀至熟。
　3.加入胡萝卜片炒匀后再加入芹菜段，加盐炒熟，加味精、淀粉勾芡出锅。

芦笋胡萝卜

主料：芦笋400克、大蒜25克、胡萝卜25克。
配料：盐、味精、香油。
制作方法：
1.芦笋削去老皮，洗净沥干水分，斜切成3厘米长的段。
2.胡萝卜削去外皮，洗净后切成3厘米长、半厘米宽见方的条。
3.大蒜剥皮后切成末。
4.锅中加水烧开，加入盐和香油，放入芦笋段和胡萝卜条，焯熟后捞出，放凉水中投凉后捞出放入容器中。
5.将蒜末、味精、盐、香油加入容器中拌匀装盘。

金丝生菜

主料：生菜100克、胡萝卜半根、玉米粒。
配料：盐、味精、香油、白醋。
制作方法：
1. 生菜洗净后切丝。
2. 将胡萝卜切丝与生菜一起，加入适量玉米粒、盐、味精、香油、白醋拌匀即可。

清蒸萝卜丸子

主料：白萝卜400克、瘦猪肉馅250克、豆腐一块125克。
配料：鸡蛋1个、葱花、姜末、盐、糖、生抽酱油、香油、绍酒、生粉、白胡椒粉。
制作方法：
1. 萝卜丝去皮洗净切细丝，加适量盐拌匀腌30分钟。
2. 豆腐用水冲洗后切小块。
3. 瘦猪肉馅中加入一个鸡蛋，适量葱花、姜末、盐、糖、生抽酱油、香油、绍酒、生粉、白胡椒粉，然后搅上劲。
4. 将腌好的萝卜丝挤去水放入肉馅里，然后放入豆腐丁，再搅拌均匀成丸子馅。
5. 左手沾上水，用汤勺蘸下水取一份肉馅，反复与左手掌和勺之间搓成丸子放入盘子里，入蒸锅大火蒸10分钟。

和朋友们排演一出戏
Stage a play with friends

公司的年会上，你总是不知道出什么节目么？

你总是无聊生厌地窝在家里看烂片打发时间么？

你还没买到那场一股脑扎堆排队的3D电影票而沮丧么？

这种老态、消沉、无对话、无交流的休闲方式早该被扫地出门了。

那么就动手写一个剧本，约在某个下班的晚上，和朋友来排演一场喜剧，在排练的过程中大笑几场。你定会获得很多在其他休闲活动中感触不到的惊喜。

世界上有多少个人，就有多少种人生。

你可以把你的生活经历写成一个小剧本，约上三五位好友把它呈现出来。或者干脆改编莎翁的名剧，用你不同的理解，用你的智慧将它颠覆，和你的小团队一起排演出来。

你还可以像模像样地找上几个志同道合的朋友来组成一个小剧团，长期地把这个活动做下去。

首先完善你们的剧本，然后化妆，分配角色、服装和道具，还要有一个人统领全局，那就是导演。

你们在排练和讨论中会迸发更多的灵感火花，记录下来取长补短，在一次次修改和尝试中，不断丰富每个人物角色性格，充实整个剧。

制作道具的过程也是很有趣的，巧思妙想，发挥创意才华，大家合作将道具一个个成型。

排练厅可以安排在家里，也可以在公司的走廊里。下班了，可以请几个朋友一起来看你们像模像样的演出。

你们的戏，表达出自己对生活的态度，一定会赢得朋友们的鼓励和赞许。

现在，各个大城市，都有给民间话剧团队提供演出的小剧场，如果你们足够自信的话，可以去找他们洽谈一下，没准你们真能登上话剧舞台，正式演出哦！

不是每个人都有机会站在舞台上演出，但是每个人也许都曾经心怀着表演的梦。那么就从你的生活里汲取些灵感吧，把你平凡或不平凡的生活，演出来吧。

在收到银行对账单的三天内还掉信用卡
After receiving the bank statements,
repay money for the credit card within three days

每次去逛商场的时候,都会看见有不少银行在热闹的地方向大众推销办理信用卡,什么免息期、免担保啦,还有很好的礼品可送。对于好多人来说,如此诱惑何乐而不为,自然是办啦!

可是好多人在拥有了信用卡之后,就开始有了烦恼。

花钱的时候,自然是开心啦,但是每个月账单来的时候会惊觉:我怎么花了那么多钱?还要惦记着赶快去还掉,但有时候一忙,又忘记了,拖过了最后还款日,要交给银行好多利息和滞纳金。

另外,很多人在使用信用卡的时候,还不明白"最低还款额"的意思,以为还了最低还款额就万事大吉。

最低还款额是在银行指定的日期内,按照本期消费额的10%加上现金取款以及其他费用,还了最低还款额后,你可以不用支付"滞纳金"。

但是请注意,这里是不用支付"滞纳金",而不是"利息"。这是很多人认识上的一个误区。实际上,你还了最低还款额后,依然需要支付从你消费日至实际还款日的所有未还款额的利息。这个利息通常是每日万分之五,并且是按月计复利的。

所以,如果想让自己最大限度地享受信用卡带来的便利和免息期,又可以避免无谓地付出很高的代价,最好的办法就是每个月在收到账单的3天之内把钱还掉。不管有多忙,都一定要去!

使用信用卡的提醒:Get remind when using credit card

● 保管好你的身份证信息,不要把信用卡借给别人使用。

● 拿到信用卡后,仔细阅读章程和使用方法。

● 尽量多使用信用卡消费,除非迫不得已急用,不要用信用卡提现。

● 注意银行规定的还款时间,并且尽量在那一天之前把应还款项"一次"还清,而不要使用最低还款额。

● 最好能办一个信用卡与一般借记卡的自动还款功能,减少你由于疏忽而造成未及时还款。

● 千万不要上银行的黑名单,黑名单全国银行通用。不良信用记录将来会影响你生活的方方面面。

扔掉时尚杂志，
你就是没有任何束缚的"时尚"人
Chuck fashion magazines,
you are the "Fashion" people with no bondage

时尚是什么东西？时尚是最不值得追随的东西。

我们被时尚骗了！尤其是当现在的时尚杂志越来越厚，想看完一整篇文章，都要被10篇广告打断。

我看过一个知名人士的电视采访，他穿着阿玛尼的西服，谈论着时尚话题。忘记了是什么原因，主持人要他把鞋子脱掉，这个人说行，但是他一边脱鞋，一边说："因为我今年是本命年，所以，穿的是红袜子！"说完，他露出了红彤彤的双脚。

现场，大家都笑了，但是那是轻松的笑，没有人会因为这个人穿了一双红袜子，而觉得他称不上是"知名"人士。

我觉得他挺时尚的。

自由随性，才是真正的时尚！

"自由随性"，换句话说，也可以解释为：不受拘束地"忠于自我"。

比如说，虽然是参加晚宴，如果你不喜欢闪闪发亮的礼服，你完全可以穿一条棉质的大花长裙。

你认为什么是时尚，什么就是时尚。

个性，是时尚的最佳配件。

但表现自我，绝对不是"引人注意"。

我认为的个性，不是说过激的话，做出人意料的事情，而是："若有钱来买LV，还不如拿钱去环游一遍中国海岸线"。

所以，从现在开始，把时尚杂志扔掉，按照你自己的想法，过没有任何束缚的时尚生活吧！

没有遗憾的一生
Life with no regrets

大津秀一,是日本最年轻的临终关怀主治医师,在多年行医的经验基础上,在亲自听闻并目睹过1000例病患者的临终遗憾后,写下了一本叫《临终前会后悔的25件事》。书中说,临终前,人们通常会后悔以下25件事:

1. 没做自己想做的事
2. 没有实现梦想
3. 做过对不起良心的事
4. 被感情左右度过一生
5. 没有尽力帮助过别人
6. 过于相信自己
7. 没有妥善安置财产
8. 没有考虑过身后之事
9. 没有回故乡
10. 没有享受过美食
11. 大部分时间都用来工作
12. 没有去想去的地方旅行
13. 没有和想见的人见面
14. 没能谈一场永存记忆的恋爱
15. 一辈子都没有结婚
16. 没有生育孩子
17. 没有让孩子结婚
18. 没有注意身体健康
19. 没有戒烟
20. 没有表明自己的真实意愿
21. 没有认清活着的意义
22. 没有留下自己生存过的证据
23. 没有看透生死
24. 没有信仰
25. 没有对深爱的人说"谢谢"

看完这20多个遗憾，你心里怎么想呢？你想去做点什么吗？

　　虽然遗憾是人生道路上必不可少的一种心情，但是如果我们还有时间，为什么不去多做一点，多感受一些，再多付出一点，让我们可不可以努力让遗憾减到最少呢？

花小钱,过大生活
Spend little money, and have a good life

"涨!""涨!"

什么都涨了!就是薪水没涨!

不知道从什么时候开始,"勒紧裤带过紧日子"成为了一种时尚。越来越多的人开始信奉"简朴生活"。电视里,政府在力推"节能减碳";网上,大家在热议"如何10块钱过一天"。

少吃肉、多骑车、购买二手货……低成本生活成为一种艺术,尽管花费低廉,但我们仍然可以保持格调和乐观。通过自己动脑,发挥想象力,让生活真正过得经济又精彩。

18个花小钱过大生活的秘诀：
18 secrets of spending little money to live a good life

1 晚上9点以后去买水果和面包
很多超市的水果、面包、熟食等，都会在晚上9点开始打折，有的甚至打到5折。其实，我们有时候上午去购物，买回来的东西也是放在冰箱里，为什么不让它在超市里被多保管半天，然后以一半的价格买它呢？

2 选择淡季去旅行
每年1～2月、9～11月是旅游淡季，相比在旺季机票全价、订不到酒店等诸多不利因素，淡季出行，不仅省钱，还让你在旅游目的地不至于陷入"坐飞机去看人"的尴尬境地。

3 选购超市自有品牌
很多大型超市都有自有品牌，它们的质量和其他品牌商品差不多，但价钱却少了一大截，所以不妨选择它们，物美价廉，何乐而不为呢？

4 星期二去看电影
星期二，全天电影半价，自然是出发的好时候。不过因为星期二的人多，需要提前订票。不妨成为你喜欢的电影院的会员，可以在网上订票，方便许多。
很多电影院也有早场优惠的活动，如果你有时间，也可以在工作日的上午12点以前去看电影。
刷某些指定的信用卡看电影，也可以享受半价优惠，可以留意银行给你的短信。

5 看电子杂志
现在，很多平面杂志都提供电子杂志下载，既环保又省钱。你可以在杂志的网站上找到下载链接。当然，有些畅销杂志可能不会提供免费下载，但你所需要花的费用，也只是从报摊购买的一半。

6 出差、旅行时住大学的招待所

不知道什么从时候开始，经济型酒店越来越不"经济"了，当你需要自费旅行的时候，不妨选择大学里的招待所。一百多块，甚至几十块钱，就能搞定。住在大学里，安全自然是没问题的，有些大学还环境优美，每天和年轻学子们进进出出，自己也会感觉年轻许多啦！

7 别忘了兑换手机话费积分

每一年年底，记得去查一下你所用的通讯公司有没有什么积分换奖品计划，可以通过电话或者网络查询。通常，你打了一年电话所换来的积分，可以让你免费得到一顶帐篷、一个热水壶或者一套书之类的小礼品，如果你并不需要这些东西，可以将积分直接换成话费。

8 打出租车时，每15公里抬表一次

如果你乘坐出租车，超过15公里，可以要求司机抬表结账一次。因为超过15公里，每公里的计费标准就要上调，有的出租车公司还会要求你支付空驶费。

9 拨打12580查询，还有礼品

拨打12580电话，不仅能查娱乐、生活、餐饮等信息，每月累计拨打3次，就奖励10元电话充值卡、12元麦当劳兑换券和一些商家的优惠券。

10 上午订机票最便宜

航空公司机票的折扣通常会隔夜重新调整，所以每天上午，你也许就能碰见一天中，价格最便宜的时候。

另外，选择坐飞机出行，最好避免周一上午和周四晚上，因为这两个时段的旅客最多。理想的飞行时刻是：每天中午与一周的中间日子。坐中转航班到目的地，也会比直飞航班便宜许多。

11 研究自己的消费习惯

选择能力范围内的商品，才不会出现面对信用卡账单欲哭无泪的现象。你可以研究一下自己的消费习惯，找出最易乱花钱的诱因，为下一次冲动购买准备好应对策略。比如刷卡前，问一问自己：这是必需的吗？

12 换掉你家的旧冰箱

购买新电器时,找一找节能推荐标志,节能标志意味着电器运转成本更低,也更环保。换掉你家的旧冰箱,一年可以节约不少电费呢。

13 自带午餐

每天中午和同事出去吃饭,没少花钱,吃得不卫生,还不好。不妨自己带午餐去公司吃,想吃什么自己做,经济又实惠。

14 办了健身卡,就要去

既然办了健身卡,就不要让它变成废卡,坚持去吧!

15 选择容易打理的发型

频繁烫染头发,对健康没有好处,现在也不流行那种死板的发型了。所以,请理发师给你剪一个简单、容易打理的发型吧!每天洗完头,吹一吹,就能有蓬松的造型。

16 列好清单,再去超市购物

出门前,先列张清单,看看家里库存究竟缺什么,并带上正好的钱,这样结账的时候,不能冲动消费,不能手痒痒地买下收银台附近货架上的口香糖、小糖果和杂志等等。

17 尝试网络代购、网络团购

通过网络代购,你可以得到又好又便宜的东西。你还可以通过代购,买到国外的东西,比如悦购网(www.yuego.com)可以买到美国保健品,日本商品代购网(www.jpgoo.net)可以买到日本数码产品和化妆品等。现在,团购网也很火,你也不妨去上面逛逛,也许某件你很中意的东西,在上面只需要很低很低的价钱就能买到哦。

18 小小地奖励自己一下

当你的节俭生活有了成果,当月账户有了更多结余时,不妨用一份哈根达斯或者一张电影票,给自己一个小小的奖励!

忍受一下辛苦，一切会变好的
Endure hardship, everything will be fine

如果你仔细观察会发现，每个想得到荣耀的人的背后，往往都隐藏着我们所不想要的辛苦。

在狂喜之前，几乎总是必须要先熬过痛苦的折磨，没有任何一件博得赞美的事情是偶然发生的。

这样看来，完全可以把辛苦想成是美好人生必修的经历。

当然，这并不表示辛苦本身是令人渴望的，但是在许多时候，你如果愿意承受一些辛苦，它们就会化为甘美的果实。不管是日常生活中的小麻烦，或是考验勇气与毅力的艰巨挑战，你都会有足够的资源来帮助你渡过难关。

切记，任何事情都会有结束的一天。

　　忍受一下当前的辛苦,尽管艰辛,也要奋力向前迈进。要相信自己正在做的事;更重要的是,要知道你身旁有人在支持你,你不是孤军奋战。

　　你可以与辛苦达成协议,把它视为是你创造理想人生所必须付出的代价。

　　让我们面对辛苦、迎接辛苦,而且坚持下去。直到它化为成就、满意与荣耀。尽量不要去理会辛苦、不要把它放在心上,以免就此被困住。

　　忍受一下辛苦,一切会变好的。

一个人的吉他
A person's guitar

在各种乐器中,吉他最能以平易近人的声音,击中听者的内心……

一个人的时候,最适合学习的乐器就是钢琴和吉他,可是钢琴不能随身背着,那就吉他吧!

学习吉他,什么年龄都不算晚,只要不是想成为大师级别的,随时都可以学。

吉他是可以背在身上的钢琴,学吉他可以学到全部的乐理知识,吉他可以独奏,可以配唱,可以弹单音,可以走和弦,丰富的节奏,天然的木质音色……

吉他,对于寂寞的人,就像一个好朋友。情人可以背叛你而去,朋友为理想各分一方,只有吉他,平时静静地靠在墙角,只要你需要,就能陪伴你,背在身上,陪你走天涯……

如果你仔细观察,弹吉他的朋友,异性缘都不错,尤其演出什么的,那一片片女人的尖叫声啊,感觉她们真恨不得冲上去把演奏者狂吻一遍。不管弹的水平怎么样。

也许是因为,吉他弹出的,是最浪漫的声音吧!

一个人待着的时候,练练琴也好嘛,一个人在木吉他上慢慢地找灵感,一个人唱自己的最忠实于内心的歌。

你也可以弹着吉他,写一首歌,只写自己周围生活中的人和事,只写自己内心的真实体验……关于爱,关于离开,关于思念,因为是木吉他伴奏,一切都是淡淡的,连悲伤和遗憾都显得那么美好。

吉他的选购：
The selection and purchase of guitar

1 音准是核心问题。按吉他的定音标准调校好各弦之后弹出一弦第12品的泛音，如果它与该弦第12品的音高相同则为合格。一定要依次检查六根弦。

2 其次检查手感。手感不良会使你被迫采取不当的按弦方法，从而极大地阻碍左手技术的提高。当吉他调到标准音高时，在第14品格处，弦与指板的距离应在4mm左右。太高，按弦会感觉吃力，反之会造成打品的现象。好的手感应该是在不打品和不出现任何杂音的情况下，左手手指可以轻松地按下任意一个音，大横按也不感到费力。

3 检查音质。弹奏每根弦第5品泛音，共鸣差的吉他往往发不出明亮的泛音。然后在琴上做各种力度的拨弦，音量应有大幅度的变化。同时，性能较好的吉他各弦音量平衡，发音灵敏，高音明亮纯净，低音深沉厚实，高把位的音量也不会衰减。

4 其他部位的检查。看看弦轴的齿轮是否损坏，旋转是否顺畅，面板、背侧板是否有开裂现象，油漆是否光亮，琴的色泽是否协调。最重要的是品丝一定

要光滑，指板边不能划手。

吉他的保养：
The guitar's maintenance

中、低档吉他要买个琴套，高档的吉他要买个琴盒，这样便于吉他的存放。温度、湿度的突然变化都会对吉他造成伤害。

平时要避免吉他在阳光下直照。

不要让吉他靠近暖气。

如果空气过分潮湿，要在琴盒内放一些干燥剂。

高档吉他都是经过相当考究的工艺及材料精细加工而成的，因此特别容易划伤。切忌将吉他放到桌面或地板上。注意避免拉链和纽扣造成划伤。

经常弹奏，随时让吉他各部分充分震动，这是保养吉他的最好方法。

每个月买一件新的内衣
Buy a new underwear every month

你有没有那种体验：每次洗完澡，换上干净的内衣的时候，心情总是很愉快？

有人说，一个女人一生要穿250～300件内衣。内衣对你有多重要？

一件舒适的内衣，不仅是健康的保证，更能为你增添无穷的美丽心情，忘记压力和烦恼。一件新的内衣，又会让你在疲惫的时候获得一份新鲜感。

所以，每个月，不妨奢侈一下，选款内衣来宠爱自己吧！在舒适的同时拥有一份轻松快乐的好心情！

那么,你适合什么样的内衣呢?
So, what kind of underwear to fit you?

1 如果你是自由自在、无拘无束的女孩,你适合线条流畅的运动型内衣。

运动型内衣的材质朴素、舒适,大多是纯棉材质,还有流行的莱卡棉。运动型内衣款式越简单越好看,而黑、白、灰是永不过时的色调。

2 如果你是个喜欢浪漫情调、女人味十足的女孩,你适合点缀着蕾丝花边的内衣。

越小的花卉图案就越容易出效果,尤其是叶子的图案比花卉的图案更有闲情逸致的味道。色彩上,一般是深色调容易体现女性气质,如玫瑰紫、酒红、深蓝等。

3 如果你是个注意外表、喜欢表现成熟味道的女孩,那么机能性很强的调整型内衣就是你的最佳选择了。

调整型内衣有着塑造魔鬼身材的奇妙效果,并且对身体的养护和线条的保持有关键作用!

如果你是个从来就不喜欢内衣的人,那么要小心地心引力哦!没有内衣的呵护,在几年之后你的身材有可能会变得远不如现在,而别的女孩可以保持那么好的身材是因为她们选择了适合自己的内衣!

一个人的维他命药丸
A person also needs vitamin pills

● 如果你的指甲出现深刻明显的白线，头发枯干，皮肤粗糙，记忆力减退，心情烦躁及失眠——那你是缺维生素A了。

● 如果你对音响有过敏性反应，小腿有间歇性的酸痛——那你是缺维生素B_1。

● 如果你发现嘴角破裂溃烂，皮肤粗糙，对光有过度敏感的反应——你缺的是维生素B_2。

● 如果你发现自己有口臭，口腔溃疡，情绪低落——那你是缺维生素B_3。

● 如果你总是肤色暗沉，有黑眼圈，伤口不易愈合，虚弱，牙龈出血，舌苔厚重——那你缺的是维生素C。

● 如果你皮肤没有弹性，你需要补充维生素E。

一个人生活，难免会有点"营养不良"的你，可以考虑吃一点维生素小药丸来帮助身体健康。

但是要注意，一定要在非常需要的情况下，再去吃药丸。不然，完全可以通过食物来补充维生素。

维生素不能随便乱买，要先了解自己身体到底缺什么之后，再有目的地去选购。买呢，也一定要去正规的药店，买大品牌的药丸。有的复合维生素药丸，一颗可以补上好几种营养素，也可以考虑。

如果你选择服用复合维生素，早上是最好的服用时间。由于复合维生素中，各种营养元素的含量都比较少，因此起到的是"补充"作用。早晨洗漱之后，在还没有吃早餐之前，先吃一颗复合维生素，可以满足身体一天所需要的基本营养。

维生素C和B族等水溶性维生素并不适合在夜晚服用。早饭过后的一个小时是最佳吸收时间。所以可以把药丸放在公司，每天上班的第一件事就是吃下两颗。

维生素E等脂溶性维生素一定要随餐吃，空腹服用它们相当于浪费。

重读经典
Re-read classic works

　　有时候，读书并不是为了向别人炫耀"我正在读什么什么"，或者"那个啊，我读过……"。读书，是为了满足自己的内心，获得一种美妙的体验。我建议大家都重读经典，因为读经典等于是和很多大家交了朋友。谁不愿意拥有一两个好朋友呢？

　　不要以销量来选择自己要读的书，也不要以受欢迎的程度来读书。去读一本经过时间的洗练之后的经典之作吧！读一本伟大的作品，会得到一种极大的乐趣。有时候，即便是一篇小时候课本里的文章，在你有了人生经验以后，再来读它，感受是那么不同，你会感觉到它有了一番独特的味道。

10部文学经典的开场白和结束语
Opening and closing of ten classic works

开场白：

1 《双城记》 作者：查尔斯·狄更斯

"那是最美好的时代，那是最糟糕的时代；那是智慧的年头，那是愚昧的年头；那是信仰的时期，那是怀疑的时期；那是光明的季节，那是黑暗的季节；那是希望的春天，那是失望的冬天；我们全都在直奔天堂，我们全都在直奔相反的方向——简而言之，那时跟现在非常相像，某些最喧嚣的权威坚持要用形容词的最高级来形容它。说它好，是最高级的；说它不好，也是最高级的。"

2 《茶花女》 作者：亚历山大·小仲马

"我认为只有深刻地研究过人，才能创造出人物，如同只有认真地学习了一种语言才能讲它一样。"

3 《复活》 作者：列夫·托尔斯泰

"尽管好几十万人聚居在一小块地方，竭力把土地糟蹋得面目全非；尽管他们肆意把石头砸进地里，不让花草树木生长；尽管他们除尽刚出土的小草，把煤炭和石油烧得烟雾腾腾；尽管他们滥伐树木，驱逐鸟兽……在城市里，春天毕竟还是春天。"

4 《安娜·卡列尼娜》 作者：列夫·托尔斯泰

"幸福的家庭都是相似的，不幸的家庭各有各的不幸。"

5 《了不起的盖茨比》作者：弗·司各特·菲茨杰拉德

"我年纪还轻、阅历不深的时候，我父亲教导过我一句话，我至今还念念不忘。'每逢你想要批评任何人的时候，'他对我说，'你就记住，这个世界上所有的人，并不是个个都有过你拥有的那些优越条件。'"

6 《查特莱夫人的情人》 作者：戴维·赫伯特·劳伦斯

"我们根本就生活在一个悲剧的时代，因此我们不愿惊惶。大灾难已经来临，我们处于废墟之中，我们开始建立一些新的小小的栖息地，怀抱一些新的微小的希望。这是一种颇为艰难的工作。现在没有一条通向未来的康庄大道，但是我们却迂回前进，或攀援障碍而过。不管天翻地覆，我们都得生活。"

7 《老人与海》 作者：海明威

"他是个独自在湾流中一条小船上钓鱼的老人，至今已去了八十四天，一条鱼也没逮住。"

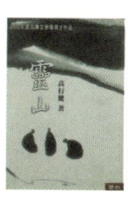

8 《灵山》 作者：高行健

"你坐的是长途公共汽车，那破旧的车子，城市里淘汰下来的，在保养极差的山区公路上，路面到处坑坑洼洼，从早起颠簸了十二个小时，来到这座南方山区的小县城。"

9 《情人》 作者：玛格丽特·杜拉斯

"我已经老了，有一天，在一处公共场所的大厅里，有一个男人向我走来。他主动介绍自己，他对我说：'我认识你，永远记得你。那时候，你还很年轻，人人都说你美，现在，我是特地来告诉你，对我来说，我觉得现在你比年轻的时候更美，那时你是年轻女人，与你那时的面貌相比，我更爱你现在备受摧残的面容。'"

10 《洛丽塔》 作者：弗拉基米尔·纳博科夫

"洛丽塔，我生命之光，我欲念之火。我的罪恶，我的灵魂。洛——丽——塔：舌尖向上，分三步，从上颚往下轻轻落在牙齿上。洛——丽——塔。"

结束语：

1 《双城记》作者：查尔斯·狄更斯

"我今日所做的事远比我往日的所作所为更好，更好；我今日将享受的安息远比我所知的一切更好，更好。"

2 《百年孤独》作者：加西亚·马尔克斯

"这手稿上所写的事情过去不曾，将来也永远不会重复，因为命中注定要一百年处于孤独的世家决不会有出现在世上的第二次机会。"

3 《茶花女》作者：亚历山大·小仲马

"我不是邪恶的鼓吹者，但不论我在什么地方，只要听到高尚的人不幸地哀鸣，我都会为他应声呼吁。"

"我再说一遍，玛格丽特的故事非常特殊，要是司空见惯，就没有必要写它了。"

4 《荆棘鸟》作者：考琳·麦卡洛

"鸟儿胸前带着棘刺，她遵循着一个不可改变的法则，她被不知其名的东西刺穿身体，被驱赶着，歌唱着死去。在那荆棘刺进的一瞬，她没有意识到死之将临。她只是唱着、唱着，直到生命耗尽，再也唱不出一个音符。但是，当我们把棘刺扎进胸膛时，我们是知道的。我们是明明白白的。然而，我们却依然要这样做。我们依然把棘刺扎进胸膛。"

5 《呼啸山庄》作者：艾米莉·勃朗特

"我在那温和的天空下面，在这三块墓碑前流连！瞅着飞蛾在石南丛和兰铃花中飞舞，听着柔风在草间吹动，我纳闷有谁会想象得出在那平静的土地下面的长眠者竟会有并不平静的睡眠。"

6 《复活》作者：列夫·托尔斯泰

"从这天晚上起，聂赫留朵夫开始了一种全新的生活，不仅因为他进入了一个新的生活境界，还因为从这时起他所遭遇的一切，对他来说都具有一种跟以前截然不同的意义。至于他生活中的这个新阶段将怎样结束，将来自会明白。"

7 《小王子》作者：安东尼·德·圣-埃克苏佩里

"如果这时，有个小孩子向你走来，如果他笑着，他有金黄色的头发，如果当你问他问题时他不回答，你一定会猜得出他是谁。那就请你们帮个忙，不要让我这么忧伤：赶快写信告诉我，他又回来了……"

8 《飘》作者：玛格丽特·米切尔

"我明天回塔拉再去想吧。那时我就经受得住一切了。明天，我会想出一个办法把他弄回来。毕竟，明天又是另外的一天呢。"

9 《基督山伯爵》作者：大仲马

"人类的一切智慧是包含在这四个字里面的：'等待'和'希望'！"

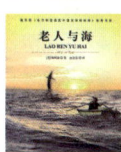

10 《老人与海》作者：海明威

"在大路另一头老人的窝棚里，他又睡着了。他依旧脸朝下躺着，孩子坐在他身边，守着他。老人正梦见狮子。"

让每天待办的事项，
只要用一张黄色便条纸就写完了
Your to-do lists every day, can be written on a yellow post-it note

我从某个时候起认识到，一个人的生活不必负担太重和太多的事，幸运的是我认识到这一点的时候相当早，这使得我的生活比很多的人轻松多了。
　　　　——出于《杜尚访谈录》

从今天开始，做个从容不迫的人
From now on, do a leisured man

1 从容不迫的人，更重视平静，而不是刺激。

2 从容不迫的人或许很忙碌，但却不会被驱使和变得被动。

3 从容不迫的人更重视自己所安排的优先顺序。

4 从容不迫的人反而能够干脆地做出大胆的决定。

我们的生活中，有着无数的事情要做，但绝对不要在一天之内安排太多事情，而使自己无法承受。

你要宁愿"少做些事情，但每一件都能做得很好"。

你每天的待办事项只需要用一张黄色便条纸就写完了。这样一来，你不但会轻松，还会更有效率地把每一件事情都做好。当其他人需要你帮忙的时候，你也能适时伸出援手。

你真的能成为从容不迫的人么？

欢迎自己回家
Welcome to home

要知道"家"可不是"房子"或"公寓"的同义词,而是一个可以让你的身心完全休息与静养的地方。就像棒球场上的本垒板,这里是你跑完全程,停下来休息的地方。

家是一个可以让你完全表露自我、无须任何伪装的地方;家是一个让你感受最深、成长最多的地方。

如果你爱自己的家,做些做家务事,也会变得轻松愉快。

希望你的家应该是这样的：
Hope your home should be like this

- 要有一个自己的书柜，里面放上自己喜欢的图书。
- 家里可以没有电视机，但是不能没有电脑。
- 家里要有一些小植物。
- 你的书桌上可以养一两条小金鱼。
- 你的衣柜要整洁而且散发出干净的清香。
- 一定要有个大窗户，并且有充足的阳光能洒进来。
- 至少有两套以上的床上用品，并且保持干净。
- 你要经常换洗窗帘，有条件的话，最好重新换一款浅色，但是要有质感的窗帘。
- 厨房要干净，并且有经常做饭的痕迹。
- 卫生间里非常干净，而且不要有异味。
- 家里至少有一面大镜子。
- 要有一个可爱而又温馨的台灯。

你还可以制作一个小牌子，欢迎自己回家，不一定非得是"热烈欢迎"这样的字，也可以是一张手绘的笑脸，或者就是自己的宠物照片、一朵向日葵，都可以！

清除电器的嘈杂声，好好招待你的耳朵
In order to treat your ears well, remove noises of electrical equipment

电冰箱"嗡嗡"地响，洗碗机发出"轧轧"声，电脑"哼"声四起，电视也不时发出声音，洗衣机的脱水桶转动起来，更是让人受不了。想要享受一整天不受打扰的清静时光几乎是不可能的。

虽然你必须依赖现代生活中的许多电器设备，但你的细胞与心灵更需要一些别的东西。在一个完全没有电嘈杂声的迷人环境里，至少花点时间来放松你自己吧。

你可以这样做：
You can do it this way

- 不用电器时，把它关掉。
- 选择声音不会太嘈杂的电器。
- 拔掉插头！
- 当路程不会太遥远时，选择走路或是骑脚踏车。
- 坐在公园里聆听鸟儿的叫声。
- 修好滴水的水龙头、漏水的马桶，以及其他可以修好的噪音制造物。
- 选择一家不会在午餐时间播放音乐排行榜电台节目的餐厅。
- 当你想看电视的时候才去看，不要把看电视当做日常生活必做之事，而且千万不要在没人看时还开着电视。
- 招待你的耳朵欣赏你最爱的音乐，可能的话，最好是聆听现场演出。
- 有空也可以弹弹钢琴，参加室内乐器演奏会，看看扣人心弦的音乐剧，或是邀请一些会弹吉他等乐器的好友来家里同乐。
- 花钱设置一个小型的室内喷水池，让你的客厅随时在有需要时都能出现潺潺的流水声。

腹式呼吸——终极的压力处理
Abdominal Breathing, the ultimate pressure processing

慢慢的深呼吸对身体的紧张状态具有缓和作用，可以自动地让身体转换为放松的状态。

定期练习深呼吸，即便每天只有几分钟，也会对促进内心平静发挥相当的作用。

当我们压力极大的时候，若是"拼了命"地想放松，在这样的时刻，深呼吸可以说是天赐的礼物，它是终极的压力处理者，不但免费、立即见效，而且随取随得。

呼吸是我们最基本、同时也是不曾中断的生命活动，你时常可以利用深呼吸来恢复头脑的清醒或是让思虑冷静下来。

当你对某人气到不行，但又深知发脾气只会伤害自己时，也可以做做深呼吸。

正确的呼吸可以改变一个人的思考模式，而几乎每个认真看待呼吸这件事的人都说，这也改变了他们的人生。

教你腹式呼吸的方法：
The methods of Abdominal Breathing

腹式呼吸法就是指吸气时让腹部凸起、呼气时压缩腹部使之凹陷的呼吸法。

呼吸法由三阶段构成：吸气、止气、呼气。

开始吸气时全身用力，尽量使下腹部向外膨胀，并使下腹部达到弧形状态。此时肺部及腹部会因充满空气而鼓起，但是不要停止，仍然用尽力气来持续吸气，不管有没有吸进空气，只管保持这一状态。

吸气之后屏住气息(止气)，此时身体会感到紧张，持续几秒后再缓缓地将气呼出，同时尽量使下腹部往里收缩，并用力使横隔肌收缩。

呼气时宜慢、宜长，而且不要中断。进行这一过程的时间要不断延长，最后尽可能达到吸气20秒、止气20秒、呼气20秒，这样一个呼吸的全过程就是1分钟。

做完几次后，不但不会觉得难受，反而会有一种舒畅的感觉。

被一只狗牵着，去走路
Go walking by a dog

为了放松心情、锻炼身体、接触自然，请多走路。

想要想通一些重要的事、或是正确地洞察问题所在时，也可以出去走走。

不管你住在哪里，都应选择尽可能多地走路。

也许你平时特别懒，吃完了饭，只想在沙发上躺着。

养只狗也许能给你足够的理由出去走走，带它出去溜，被它牵着走。

那不是单纯的散散步。与你所爱的宠物一起散步，不但能维系

感情，也可以促进身体健康。

你还可以帮助你忙碌的邻居，带上他家的狗一起去散步，和好多条狗狗在一起，会是一个很有意思的选择。

选择一条你喜欢的路线，并选择一双比较舒适的鞋子，还要带足够的水。

带狗狗散步最能够整理杂乱的思绪、调适心情，并且还有机会观察大自然、建筑物与周遭的人们。

最后，别忘了带上一个垃圾袋，把狗狗的粪便捡拾起来。

换一个自己喜欢的工作
Change a job you love

某天早上,你醒来,脑子里的第一个想法是什么?
What happened to your mind once you wake up in the morning?

1 "如果我今天发烧就好了,就不用去上班了。"

2 "唉!想到一会儿要开会,就头痛!"

3 "起来吧!上班去!"

每天,你会在办公室,花多少时间聊天、上开心网、看网页?10分钟?1个小时?还是两个小时以上?

在我们的一生中,工作占据了大量的时间,如果你的工作让你觉得很无趣、很痛苦,为什么不去换一个呢?

你应该做一份你喜爱的、乐意去做的工作,并且是你擅长的事情。

如果你对要不要换工作犹豫不决,可以列出两个清单,把你喜欢和讨厌现在这份工作的原因都写出来。

然后,对比看看。究竟是喜欢多,还是讨厌多呢?

这样就能检验你是否需要跳槽换工作了。

如果你决定改变工作环境和职业方向,那么就迅速行动吧!开始积极地做准备,寻找那些可以帮助你实现人生理想的职业岗位,并且开始存钱,这样你就可以在停职期间,有能力支付自己基本的生活费用。

找到了新工作之后,你最大的任务就是保持好愉快与积极的心态,在未知的领域迈好自己的步伐。

选择一个不需花太多心力的工作,下班后再去追求你的梦想。

热爱工作的秘密：
The secrets of loving the job

1 将工作视为心灵的修炼。

2 在工作中实践你的人生信念。

3 工作能扩大自己的眼界。

4 如果不工作，拿什么改变我们不喜欢的生活？

珍惜和自己独处的时间
Cherish time on your own

现在的人，往往喜欢把交往看做是一种能力，却忽略了独处也是一种能力。

很多人最怕的就是独处，让他们和自己多待一会儿，对于他们说来简直是一种酷刑。只要闲下来，他们就必须找个地方消遣。这样的人表面上看着非常光鲜，其实内心极其空虚。

其实独处是人生中的美好时刻和美好体验，虽然有些寂寞，但是却有一种充实感。因为在独处的空间内，我们不再为了换取别人对自己的重视和关怀而牺牲自己的需要再去满足别人的需要，我们已从别人和其他事物中抽身出来，回到了自己。

通过独处可以明白以他人的喜好来决定自己的行为是不行的，因为每个人看待事物的角度是不一样的。在人群中，即使你做得再好，也会有人反对和不喜欢。

在这匆忙的让你无法真正做自己的生活中，请珍惜和自己独处的时间吧！因为它是如此珍贵，只有在这样的时间里，你才能诚实地面对自己，才能有空安静地想一想自己要的是什么？在乎的究竟是什么？

● 通过与自己独处的时间，你会懂得，这世界上任何人都无法成全你，只有自己能成全自己，自己有必要自力更生。

● 通过与自己独处的时间，你会更加了解自己，你的梦想、你的目标、你的情感，都会很裸露地摆在你的眼前。

● 通过与自己独处的时间，你会更勇敢，你不会再恐惧、寂寞和孤独，你会更有勇气去面对那个最真实的你。

● 通过与自己独处的时间，你会变得平静和淡泊，你会放弃那些无所谓的纷争，然后变得心胸开阔。

一个人的Blog A person's Blog

Blog可能是你允许自己完全显现自我的地方，没有虚假的表面、没有伪装。没有别人期待你说的话，只有实话。

如果你还没有写日记的习惯，建议你从现在开始，开通一个Blog，把它当成是寻找自我的辅助工具。

Blog是你的沉默伴侣，毫无怨言地倾听你，反映出你所不认识的自己。

将思绪和感觉写下来后，你会发现独处时不再那么孤单，你已变成自己的知己。

Blog也能帮助你在生活上集中注意力，提供表达自我的出口。你将发现内心深藏的想法和感受，以及问题的解决方法和其他可行性，对人生的困境有新看法，最重要的是——用新观点看待自己。

记Blog有两个最主要的作用：一个是留下每天的行事记录，另一个则是清除精神与心灵上的陈年蜘蛛网。

www. ●●●●●●●●●●● *.com*

　　芝麻小事和无聊言谈、愉快的经验和记忆——这些都是你每一天生活的忠实呈现。
　　把你的情绪写下来，可以帮助你清除那些会遏制创造力的障碍。它也可以防止你发脾气，或是陷入自怜自艾的心境。

　　你可以在最顺心的日子写Blog，记录下自己的聪敏与令人惊异之处；你也可以在犹豫不决、左右为难的时候写；在你无法专心的时候写；或是在你忧闷沮丧却不知为何的时候，在你难以启齿向别人诉说，或是连你都搞不清楚自己的感觉时写。Blog始终是你的挚友与倾诉对象。
　　不要让写Blog变成一种负担，觉得一天没写就有罪恶感。
　　你不必保存你写下的所有事情。写作的过程才是你最大的收益，而证据就在你的生命里。

去剧场看话剧
Go to watch a drama

小剧场话剧，顾名思义，是相对于传统大剧场话剧而言。

小剧场的特点，一是表演空间小，二是演员与观众接近，三是它的先锋性。

电影看得多了，多少也会觉得腻；大剧院的演出，多少让人有点不放松。于是，很多人，爱上了先锋多样的小剧场话剧。

走进小剧场的大厅，书架上有各种即将演出剧目的宣传单，三三两两的文艺青年们聚在一起，说话、谈笑。

有时候你也会看见即将演出的演员从你身边走过。

剧场的确很小，大概只能容纳一百多人，没有专门的舞台，演员与观众离得很近，感觉亲切。不像大的演出剧院那样，台上台下泾渭分明，隔着距离，有时舞台下还有保安阻挡。

在小剧场里，音响效果能更轻松地进入你的耳朵，你可以清楚地看到演员在表演时的表情。演员就在你眼前，那么真实，和你擦身走过，甚至对着你念台词。如果你的位置刚刚好，会直接和演员有眼神交流，他们的对白、情绪，甚至是喘息，都像是与你有切身关系。或者说，你就像整个事件的旁观者，而这时恰好在某个角落。

剧场的感染力是你在电影中获取不到的，他们台词幽默，和快速的流行资讯、文化、新闻息息相关，也许昨天新闻里的某件事就会穿插进了今天的台词，小剧场可以做出快速调整和反应。

有时候，你也会突然有了角色，参与了演出。

有时候演出完，主创和演员们会留下来，与大家一起聊聊话剧，或是其他。

北京的话剧小剧场
Beijing's theaters

1 蓬蒿剧场

北京第一家坐落于四合院的小剧场。

蓬蒿剧场环境优雅、舒适、安静，设计上也非常人性化。

他们的口号是：戏剧是自由的。

有了蓬蒿，喜爱艺术并且对喜剧有兴趣的朋友们从此就有了根据地。

蓬蒿剧场没有任何限制，只要你热爱戏剧。

蓬蒿剧场在北京市东城区东棉花胡同35号（中央戏剧学院正门向东100米）

2 蜂巢剧场

蜂巢一开始是孟京辉为《恋爱的犀牛》开辟的新剧场，之所以叫做"蜂巢"，暗喻像蜜蜂一样辛勤地工作。

蜂巢大约有三百多个座位。

蜂巢剧场有望成为当代戏剧的地标性建筑，今后还会有许多特殊的舞台装置将在这里呈现给观众。

蜂巢剧场在东直门。

3 东方先锋剧场

东方先锋剧场可容纳观众320名,是目前北京地区小剧场设施最完备、最先进的小剧场,隶属国家大剧院。

东方先锋剧场可以演出戏剧、现代舞、室内音乐会等,是时尚气息浓郁、先锋性极强、可以跨国交流的艺术平台。

4 朝阳9个剧场

"9个剧场",顾名思义,就是在一个设施内开设9个可供演出的剧场,同时也创造了在同一地点举办戏剧节的可能。

"9个剧场"2004年9月正式向社会推出,分阶段在文化馆楼体设施内建设了大剧场、TNT剧场、小梨园剧场、后SARS剧场、集装箱DV剧场、露天广场剧场、帐篷剧场等不同主题、风格的演出场所,其中最小的50平方米,最大的1500平方米。

5 人艺实验剧场

人艺实验剧场把座位围在舞台周围的方式,让人觉得好像在家里吃饭一样。家人在饭桌上讲故事。

人艺实验剧场在首都剧场三层,面积四百多平方米,可容纳250名观众。

一个人也要有钱
One needs to control the money

金钱是可以坦言喜爱的东西。
要对金钱感觉自在,安心地享用你的每一分钱,它们不过是一堆数字而已。

你会快乐而理智地花钱吗?
有些人会利用购物来弥补他们对其他事情的无力感。但是,鲁莽地乱花钱只会继续扩大你的无力感。

一个人生活，怎么来处理钱呢？
How to manage your money?

1 固定存一笔钱
如果存钱对你来说很难，就从小钱着手，固定将每个月的薪水或是活期存款中的一小部分金额自动转为定存或是购买信托基金。如此一来，当你发现自己的钱越来越多时，就会越来越喜欢存钱了。

2 感恩你所拥有的钱
有很多人常为自己缺少什么而有所抱怨，却忘了赞叹自己已经拥有了什么。

3 少用信用卡
如果你现在有使用信用卡，却没有能力去付清卡费的话，你就等于是抢劫了未来的自己，除非你每个月都能尽责地缴清卡费，否则不妨考虑只使用现金，以免除欠下不确定债款的困扰。

4 学习理财的基本知识
你若是要和某个人交朋友，一定会去了解他的生活和兴趣。想要与金钱成为朋友，你也得做同样的事。你可以阅读报纸的财经版，或是去上消费经济的相关课程，学习关于富裕的基础理论。

5 富有是指生命的充实，而不只是账户上的数目
财富的概念是相对性的。对某些人来说，富裕代表一份高薪的工作、一栋豪宅和异国之旅。然而对另一些人来说，富裕是有一份兼职的工作、一辆车子和一段路程不会太远的旅游。

你可以按照你自己的方式来富裕，你觉得满足，你就是个大富翁。

6 捐出一些你的钱财
有施才有得，定期地捐献钱财给你信任的慈善机构，内心的宽慰是金钱买不来的。

再忙也要送给自己一个微笑
Give a smile to yourself even you are busy

许多人在人生的某个阶段,总会专注在某一个特定的点上,让自己看不到其他。

觉得没有工作,等于没有存在价值,所以要狂热地工作;没有爱情,等于没有存在的必要,所以要狂热地爱恋。

于是,眼里只看到工作,心里只容得下爱情。天下所有的事情都与自己无关,只做自己想做的事;只让朝思暮想的他(她),做心中唯一的存活者。

大家都只为了在意的事和在乎的人,日夜忙碌奔波。

以为事情做不成,将会终生一事无成;以为爱情谈不好,将会永远一个人孤单。

大家为了追梦,不停拼凑着未来的巨幅拼图,为了成就远大的将来,更急切地寻求散落的拼图贴片,忙得没有时间思考,忙得没有情绪,忙得没有休息,忙得失去了很多的感觉,忙得没有好好地关照自己,忙得忘记怎么微笑。

你有多久没有微笑了?
How often do you without a smile?

　　你是否有注意到,你没有笑容的脸上,只有两条紧绷的平行线,被焦虑逼迫,紧紧靠在一起的眉头,又被愁苦粘在了一起。

　　这还是你么?

　　亲爱的你,即使忙得忘记一切的时候,也请试着给自己一个微笑。

　　微笑是生命里最美丽的抛物线,一脸的笑容可掬,会让你赢得好人缘,受人欢迎。最重要的是能为自己创造好心情。

　　学会习惯用欢笑轰炸苦恼,让自己从困惑的事情中脱身,让自己从糟糕的心情中解套。

　　对于力不从心的事,承认自己能力有限,附带一个安慰自己的微笑。

　　学会不要为了无谓的事情烦恼,不强求、能知足,不要杞人忧天,不要被牵绊在生活的枝节里。

　　什么事都做不了的时候,试着对失望的自己笑一笑,为自己制造希望的力量。

　　什么事都做不了的时候,试着对自己努力地笑一笑,得不到结果的五十分,也值得为尽力达到满分的过程鼓励。

　　请你务必要记得:再忙,也要给自己一个微笑。

听古典音乐，
给你的生活增添色彩
Listen to classical music, and add color to your life

在生活节奏越来越快的现代社会里，对于一个生活在都市中的人来说，音乐是最理想的心灵抚慰剂。

很多研究表明，古典音乐有降压的作用，可以促进人的基础代谢并减慢呼吸速度，从而实现减压的作用。所以，在一些国家，古典音乐被广泛运用到医疗领域。

音乐的物理作用，可以直接对人体的体内器官产生共振效果，当人听到音乐的振动与体内器官产生共振时，体内就会分泌一种生理活性物质，来调节血液流动和神经活动，使人更富有活力，并且朝气蓬勃。

在生活中，当你感觉不适、心情无法平静时，播放一段古典音乐，让它为你的生活缓解一下紧张的神经并给你的生活增加一点色彩，这样生活也会因此而变得轻松和多彩起来。

在物质财富不断丰富的今天，生活质量提高的一个重要标志，就是艺术含量的增加。美好的古典音乐能给人带来幸福感和放松感。

人们都需要音乐，人人都有权利享受古典音乐，都有在音乐的世界中和自己的心灵对话的权利。

古典音乐中动人的瞬间
The touching moment of classical music

以下这些瞬间，是世界上最优美的旋律和曲调，这些片段动人、神奇、让人激动、令人销魂，有一股令人忘却一切的力量！

- "回忆没有任何力量,但是我们仍然情不自禁"
  柴科夫斯基:第6悲怆交响曲的第1乐章,第2主题。

- "怅然"
  德彪西:钢琴曲《梦幻》(Reverie)。

- "小提琴遇见大提琴——浪漫之美"
  舒伯特:钢琴三重奏作品99号,第2乐章。

- "纯净的叹息"
  莫扎特:第三小提琴协奏曲的第2乐章。

- "安详自信的告别"
  里查·斯特劳斯:最后四首歌。

- "眼角流出的忧伤泪光"
  贝多芬:《月光奏鸣曲》第1乐章。

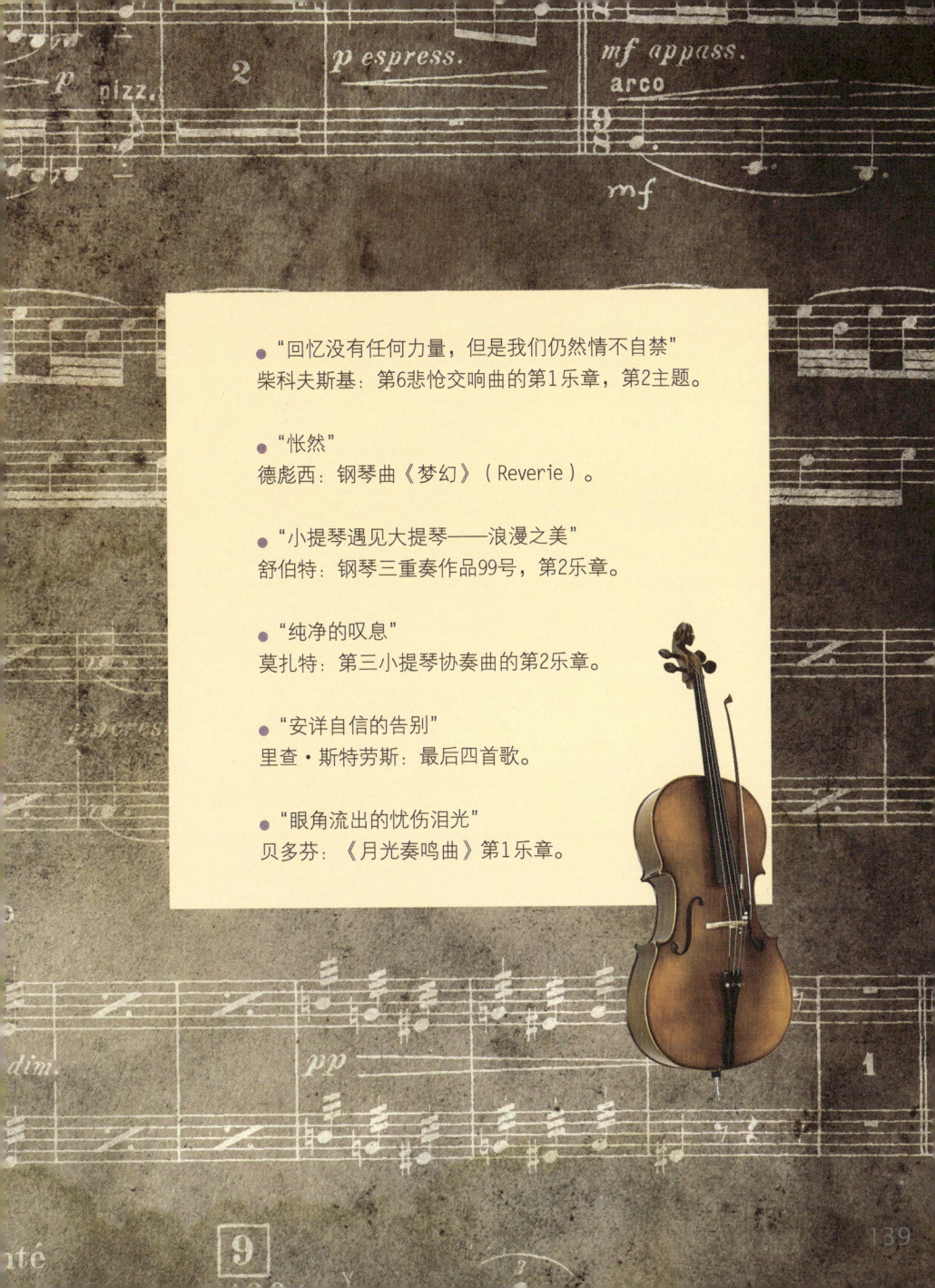

一个人的十字绣
A person's cross-stitch

　　不知从什么时候开始,"十字绣"悄悄出现在热闹街头的小店里,然后以蔓延之势在各种年龄层的女人中间传开。

　　如果你是一个人生活的女孩子,不妨也体会一下它的乐趣!

　　有一天中午,吃过午饭以后,公司的人都在楼下打羽毛球、踢毽子,我走到公司的阳台去晒太阳,居然看见一个女同事坐在阳光下绣十字绣。她一个人坐在一个洒满阳光的角落,很认真地在一块布上忙忙碌碌,一改往日大大咧咧、风风火火的风格,一下婉约了起来。

　　看来,十字绣真的有好处,能让平时浮躁欢动的人突然变得专注和沉静。

　　十字绣还真是属于有耐心的人,一张五彩斑斓的图纸上,分布着千万个密密麻麻的细小格子,看得人眼花缭乱,没有耐心的人,是无论如何也不会拿起五颜六色的线,在上面飞针走线的。

　　正是因为十字绣需要耐心,所以巨大的耐心也会给人丰厚的回报。当一幅十字绣的作品完成了,它是如此色彩鲜艳、层次丰富、有立体感、栩栩如生……除了让人惊叹不已,还会让花费很多时间和精力才完成它的人产生相当大的成就感!

如果你觉得生活很枯燥，或者想锻炼一下自己的耐心，心动不如行动，去逛一逛你家附近的十字绣专卖店吧。很多大城市里的小商品市场里都有十字绣的摊位，一般热情的店主会耐心地教给你针线的走法，你可以从一个简单的手机挂件开始练习，一只花蝴蝶、一只活灵活现的小狗，都可以让你在完成它以后，成就感油然而生。

　　等你绣完两个小件，渐渐锻炼得走线均匀且精致，你就可以开始绣一幅更复杂的作品。

　　在同事的带动下，如今，我也开始学习十字绣，并且渐渐爱上了它。我喜欢做它，是因为在绣它时，可以什么事都不想地全身心投入，刺绣过程让我感受到做女人的一种乐趣，可以摒弃一切私心杂念，心里变得纯净……

　　不过要提醒的是，十字绣有时候会让人上瘾，拿起针就放不了手。所以，如果你也爱上了十字绣，千万要注意适可而止，不要为了它，忘记了吃饭、睡觉，天天熬夜绣，甚至让它占据了你的工作时间，那就有点得不偿失了哦。

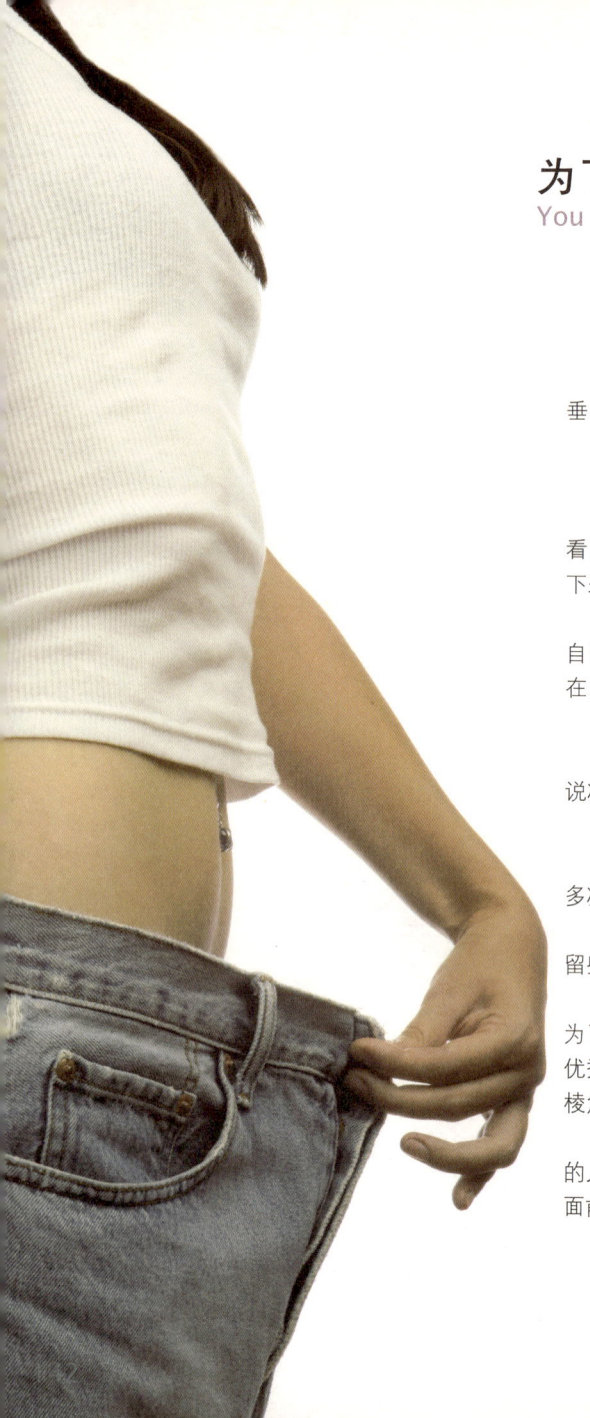

为了自己,也要瘦下来
You must slim down for yourself

瘦一点的人,总是要自信一些的。

瘦的人身上没有多余的肉可以"下垂",所以看上去要年轻许多。

瘦的人照相也好看。

瘦的人,动作灵活。

不为了什么,就算为了让自己好看,能穿进中意的衣服,也要让自己瘦下来。

哪怕是一个人生活,也一定要让自己变得更美更好,无论是外表还是内在,千万不能自暴自弃。

不要再反反复复了!5年前的你就说减肥了,现在减下来了吗?

可能只是越来越胖而已吧?

不坚定、懒惰、爱吃,造就了这么多减不掉的脂肪。

当爱情不在,只剩下伤害,又能挽留些什么?

必须要减肥了,不是为了谁,就只为了自己。必须要美丽到站在任何条件优秀的男生面前,都可以骄傲地抬起咱棱角分明的自信的脸!

现在做好了准备,将来遇见了心爱的人,要让他带我出去的时候,在朋友面前觉得有面子!

减肥谨记：
Keep in mind of losing weight

- 没有什么灵丹妙药，减肥永恒的法则就是：少吃多运动，坚持再坚持！
- 每个礼拜，拿两天做好排毒的工作。排毒的方法有很多种，可以上网查，或者买书看。
- 在家里贴上那些身材棒到极点，让自己都忍不住多看几眼的模特或者明星的照片，激励自己。
- 多去看别人的成功案例，找到自己减肥的信念。
- 每天晚上对着镜子照一张实时的照片，要看着自己一天天瘦下来。

给你帮助的减肥网站：
These websites can help you lose weight

- 正在帮助609359个女孩健康减肥的——薄荷网
  http://www.boohee.com/

- 我就爱瘦身网
  http://www.592pet.com.cn/

- 网易减肥沙龙
  http://bbs.lady.163.com/list/fit.html

给你帮助的减肥书：
Useful books for losing weight

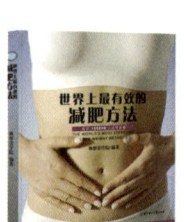

作　者：秋彤美学院

出版社：北方妇女儿童出版社

备受减肥痛苦的人，尤其需要成功案例的鼓励。这本书，有三十几个女性拿自己身体去摸索，亲身体验出的减肥方法。书中还有她们在减肥过程中的感受和心得，所有的内容都是在保证健康的前提下，教你用最短的时间减掉最多的脂肪。运动版块、食物版块，均配有图片。让读者方便阅读，可以照着做。

作　者：（日）哈麻吉；译　者：钟嘉惠、李美子

出版社：广西科学技术出版社

《神奇巴娜娜！香蕉早餐减肥法》是日本最著名的科学减肥类畅销书作者哈麻吉的代表著作，观点新颖科学，提倡通过吃香蕉喝水作为早餐的方式减肥。书中介绍了大量有关"如何过健康减肥生活"的生活方式。与其他通过饮食减肥的观点不同的是，由于香蕉早餐减肥通过了大量实例的验证，包括众多演艺界明星和大量网友，所以极具说服力。

香蕉减肥法提出三大概念：不用克制、不用花大钱、不用花时间。争取让读者轻松愉快地减肥。根据书中记载，在使用香蕉减肥法减肥的过程中，网友们表示这些方法还有促使胸部变大、消除便秘、让肌肤水润的显著功效！

作　者：（澳）艾丽卡·安吉亚尔；译　者：黄芬

出版社：北方文艺出版社

这是一本让你"由内而外"变美丽的减肥书。本书作者，环球小姐知花库拉拉、森理世的营养指导师艾丽卡·安吉亚尔告诉我们，餐桌上才有你所想要的宝石（财富）与美丽！要想成为世界第一美女，应该吃什么？不应该吃什么？读完本书你会发现，原来要成为美女是如此容易！艾丽卡·安吉亚尔首次公开其个人减肥法并揭开如何吃出美丽的68个秘诀。要想真正获得美丽，本书不容错过！它将指导你缔造不容易凋败的美。

作　者：LULU

出版社：广西科学技术出版社

你一定不相信，身兼广告明星、瑜伽女王的LULU，在23岁以前一直因为过胖、身形痴肥，而每天奋力地与肥胖战斗着，惨烈的过程绝对堪称一部减肥血泪史！她曾经一度胖到近70公斤，被姐姐男友嘲笑、被老师嫌弃、被舞蹈同学在背后叫她"胖天鹅"……为了减肥，她像疯了一样，听到什么偏方就乱试一通，结果搞得自己更肥，月经两个月没来，内分泌大乱，还得了"减肥过度抑郁症"！充满自卑感，觉得人生简直灰暗到谷底，甚至怀疑起自己存在的意义……

后来，痴肥的胖公主，居然神奇般地瘦了下来！而且曲线更性感！她到底吃了什么？做了什么？喝了什么？改变了什么？

拍下这一天
Take photos for this day

有人说,生活就是5%的快乐加上5%的痛苦和90%的平淡。我们大多数人,就是在忍受着5%的痛苦,期待着5%的快乐,在90%的平淡中度过的。

这句话,得到了好多好多人的认可,我刚开始也很认可它,可是后来我想:不对,在这句话里,"平淡"似乎是一个"贬义词"。

有时候想想,你要自己度过一个怎么样的人生,就在于,你怎么看待"平淡"这个词语。

我们的生命,其实就是"一天又一天"组成的。我们之所以会觉得平淡,是因为每一天都过得太一样了,所以我们也懒得去留意它,只是按部就班地按照每天的生活程序,起床、早餐、坐车、上班、下班、坐车、看电视、睡觉。这是平淡生活的主线,我们只是偶然在里面添加了"快乐"和"痛苦"的插曲。

但是今天,我们把一个"平淡的一天"拍下来看看吧!

早上醒来以后,你可以拍下你蓬松凌乱的被子,接着可以拍一下你自己。

在刷牙的时候,拍下你的牙刷,或者水管里流淌出来的水。

在上班的路上,拍下路人匆忙的脚步,或者天上的云。

在公车上,拍下对面驶过的公车的车窗里的人。

上班的时候,拍下你的电脑桌面和你正在处理的工作。

午休时,拍下你的午餐。

下午,打开办公室的窗户,随便对着外面照一张。

下班的时候,拍下被晚风吹动的树梢。

晚上,用相机对着天空拍一张,哪怕什么都没有拍下。

睡觉前,拍一张自己。

然后把这些图片都导进电脑,放在一起来看。也许你会发现,这一天,也许并不平淡,反而非常生动。平时你不知晓,是因为没有人帮你记录而已。现在你看见了自己的生活,就会更加爱它、珍惜它。

过好每一天,也许这真的是永恒幸福的真理。

装裱你亲自拍摄的照片
Mount you personal photographs

每次出去玩，都会拍好多照片回来，有没有想过挑选一两张自己最喜欢的照片，装裱起来放在桌上或者挂在墙上？这样，会让你每天都能看到美好的风景，回想起愉快的旅行。

你可以先去找一家比较好的冲印店，把照片放大冲洗出来，然后去专业的裱画店装裱。

为了省钱，你也可以洗出照片以后，去小商品批发市场买现成的画框，把照片装进去，然后挂起来。

我曾经试过将拍过的照片做一个大喷绘，然后贴满一大面墙，效果也非常好。而且喷绘的价格也不会很贵，在北京，20多块钱一平米。

风景的照片是很适合放在家里的。

你也可以做一些黑白照片，装裱起来。

当有好朋友来你家做客的时候，你可以骄傲地指着墙上的画框说：看！这是我自己拍的哦！

空闲才使大脑胡思乱想
Leisure makes brain cranky

"空闲的土地,如果肥沃富饶,就会杂草丛生,长满无用的植物。要使土地为我们服务,就必须耕耘播种,种下各种有用的庄稼……人的大脑也是如此。假如不让大脑去思考某个明确的问题,不让它受到约束和限制,它就会在想象的旷野中疯跑,迷失方向。骚动的心灵会生出各种愚蠢或奇怪的想法。"
——《蒙田生活随笔》

如果，你在一个晚上，怎么也睡不着，脑子里"杂草丛生"，那么干脆就起来看书吧！
　　通过看书，把刚才翻来覆去的焦躁消除掉，内心这片"肥沃富饶"的土地，给它"种点有用的庄稼"，它就不会杂草丛生……希望明天早上起来，"无聊和烦躁"不要再是你生活的主题。如果还是那样，只能说明你太闲了。
　　生命太宝贵了，真不应该浪费在这些心情上。
　　那就给自己的心里种上那些杂草无法插脚的美好的东西吧！每天多做有益的事情，充满美好的积极的念头。
　　我的QQ签名档里，是画家陈丹青给年轻人的一句话，也在这里送给你吧！
　　"一个年轻人，想要学好，只有一个最土最笨的途径——看好的书！"

一部又一部地看那些大师的影片
One after another to see those masters' films

　　新的一个月到来了，也是一个新的季节开始，这个秋天，我准备干一件美好又疯狂的事情——一部又一部地看那些大师的影片。

　　每天都看，至少一部，下班回家就看。

　　我第一个月，看了伍迪·艾伦的全集。

　　不管是1977年的《安妮·霍尔》（Anne Hall），还是2008年的《巴塞罗纳午夜》（Vicky Cristina Barcelona），伍迪·艾伦总是在喋喋不休，他絮叨着的话里，似乎连篇累牍的全是废话，折磨着你的神经。可是，突然冒出了那么一句真知灼见，让你突然理解了自己为什么能够忍受他唠嗑近两个小时。

　　看一个人的作品全集，你能看清楚，这个人，这么多年他在想什么，他对电影的拍摄方法、剪辑方法，不同时期的变化，带给你不同的触及灵魂的瞬间……

　　每天下班回家，只要想到可以看电影，就觉得充满了热情，就像有个心心相印的好朋友在家等我。

　　这些电影你看过多少？

Michelangelo Antonioni

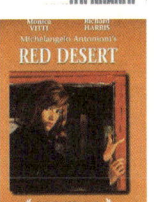

安东尼奥尼：

《云上的日子》
《寻找理想中的女人》
《欧伯瓦的秘密》
《过客》
《死亡点》
《春光乍泄》
《红色沙漠》
《欲海含羞花》
《夜》
《迷情》
《呐喊》
《女朋友》
《城市爱情故事》

伯格曼：

《小丑的夜晚》	《沉默》
《爱的一课》	《这些女人们》
《秋日之旅》	《假面》
《夏夜的微笑》	《狼的时刻》
《第七封印》	《羞耻》
《野草莓》	《仪式》
《生命的门槛》	《激情》
《面孔》	《接触》
《处女泉》	《喊叫与耳语》
《魔鬼的眼睛》	《婚姻场景》
《犹在镜中》	《魔笛》
《冬日之光》	《面对面》

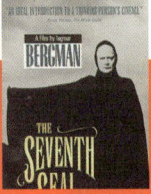

Ingmar Bergman

Miyazaki Hayao

宫崎峻：

《风之谷》
《天空之城》
《千与千寻》
《龙猫》
《幽灵公主》
《红猪》
《魔女宅急便》
《萤火虫之墓》
《百变狸猫》
《岁月的童话》
《梦幻街少女》

斯皮尔伯格：

《大白鲨》
《第三类接触》
《外星人》
《霍克船长》
《侏罗纪公园》
《辛德勒的名单》
《失落的世界》
《拯救大兵瑞恩》
《逍遥法外》
《少数派报告》
《人工智能》

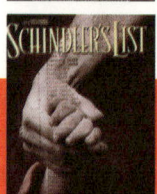  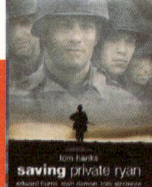

Steven Spielber

Philippe Noiret

 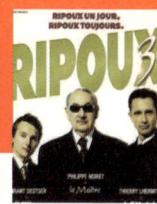 

诺瓦雷主要参演作品：

《老枪》
《只是人生》
《天堂电影院》
《舒尔茨先生的荣誉》
《父与子》
《兼职警察》
《柯特莱特家族》
《极乐大餐》
《兰黛夫人》
《蛇》
《国际暗杀局》

杨德昌：

《追风少年》
《一一》
《麻将》
《独立时代》
《青梅竹马》
《牯岭街少年杀人事件》
《恐怖分子》
《海滩的一天》

Lu zhichang

左手刷牙
Brush my teeth by left hand

　　最近看了一篇文章，人的大脑中，是左脑控制右手，而右脑控制左手，所以常用右手的人左脑特别发达。如果常用左手会激活右脑，这样会对你的记忆力有所帮助。

　　据说，大脑的右半球在推理、艺术鉴赏中起重要作用。

　　如果你想让自己变得更聪明，就从锻炼左手开始锻炼右脑！

　　从最简单最容易成功的左手刷牙活动开始，目标是形成无意识的习惯。

　　你可以用颜色鲜艳的卡纸做个警示条，贴在洗手间里，每天起床就开始锻炼自己。

　　平时接打手机的时候，用左手打电话，左手发短信……

　　在麦当劳，用左手拿勺吃麦旋风……

　　在办公室，右手经常因为过度疲劳而酸痛，这个时候，不妨换个左手的鼠标，用左手操作一下电脑。

　　生活中有很多事都需要换换脑子来思考问题，就当玩一个游戏一样养成这个好习惯吧。

闹钟一响，就马上起床
Once the alarm clock rings, you get up immediately

每天晚上睡觉之前，给闹钟上好时间，然后在心里对自己说：明天，闹钟一响，就立即起床！

然后进入梦乡……

美梦之中，闹钟响了，你渐渐清醒过来，伸出手去，摸到它，然后摁掉。

然后，继续睡……

一个小时以后，慢慢醒过来，一看时间，"杯具"了……

每天都是这样重蹈覆辙！

我有一个朋友，说他有时候会给手机设10个闹钟，但还是能在每一个闹钟响起的时候，从容地抬手把它按掉，然后活生生睡到中午……

是啊，起床真的太痛苦了，只有那些自制力满分的人才会在听到铃声的时候，马上顽强地坐起来。

其实，在我有限的顽强起床的经验里，我知道，只要顽强地坐起来了，过了几分钟的不适应之后，也就起来了。然后还会体验到早起的好，享受美好的清晨！

嗯，从明天开始，再试一次，闹钟一响，就马上起床！注意，我说的是干脆利落地起床，不是起来后，还要坐在床上磨磨蹭蹭，看天花板，或者摸七摸八……

如果你实在做不到，可以试一试：
If you really can not do it, you can have a try

1 如果你是跟人合租，可以两个人互相监督，如果你不起来，让她来使劲敲你的门！当然这一招不适用于和你一样赖床的人！

2 找一个会早起的好朋友，每天早上都给你打电话。

3 不建议你上两个以上的闹铃，因为这会助长你的惰性，让你在第一个响起的时候想再睡会儿。你想五分钟以后，反正第二个会响，然后第二个响的时候，你还是继续睡……

4 买那种声音大得惊人的闹钟，让恼人的分贝打破你的懒惰。听见闹铃就赶快起，千万不要把隔壁的人吵醒了，她还在狂睡哦……

5 这招比较绝，给手机上闹铃，把闹铃的声音上成一些比较绝的歌，比如《爱情买卖》、《月亮之上》，不起，就一直放，嗯，这个有实效！

6 把闹钟放远一点，必须起床以后走很远才能拿到，也许就在你关掉闹钟又走回床的那几步中，你就清醒了。

如果你要去香格里拉
If you want to go to Shangri-La

"要进入香格里拉必须首先修炼自己的精神……"
——《消失的地平线》

有个朋友要去香格里拉，我给他写了一封信：

L，去香格里拉县城，可以坐飞机去。直接飞去，或者到昆明转，都可以。
香格里拉的县城和每一个旅游县城一样，石板路，好多店铺，如果要看风景，要坐车出去。
雨崩，是一定要去的。
如果你们人多，可以从香格里拉县城中甸包车去雨崩，来回720元（师傅会一直陪你们全程，这个价格是很便宜的啦）。可以推荐我们的藏族司机师傅给你，他人厚道，13988743005，培师傅。
如果人少，就在县城找人拼坐大巴，都是旅行的人，热闹。

从中甸到德钦飞来寺需要7个小时左右车程，中途翻越白马雪山，到了飞来寺可以休息一晚，找个有平台的客栈。我们住的不好，就不推荐了。第二天一早看日照金山。

然后从飞来寺去西当温泉需要2个小时左右。从那里就要下车开始走路或者骑马了。我建议你去的时候骑马，因为你还要去西藏，需要保存体力。而且骑马也有一种乐趣。

山上有上千年的古树，杜鹃花应该开得更好。等爬上山顶，过了垭口，视野突然开阔，两座雪山扑面而来，大小雨崩躺在雪山脚下，河水的轰鸣响在山谷，让人不能不忘忧忘愁睹自感动……

如果你决定在雨崩待两天或更久，可以上下雨崩都住一住，我的遗憾是没有住在上雨崩的"迷失天下"客栈，只是往那里路过。它有个平台，是观景绝佳的地方，当然，需要天睛才是。不过"迷失天下"门口有个吊脚楼厕所需要小心，坑洞距离地面足有10米，木板之间距离奇宽，需要有劈叉的功夫才能在上面站住脚。

下雨崩肯定就住"神瀑客栈"，去了你就知道。晚上约一个同住客栈的女孩去看星星，美死你！

我们因为时间短，就原路返回西当，还有另一条线路从"尼农"回西当，那条路据说也美不胜收，你可以试一试。

最后我要提醒你，你有个见到美景就喜欢大喊大叫的"毛病"，在香格里拉，有高原反应，要收敛。

祝你玩得愉快，收获多多，安全第一！

一个人喝点
Drink alone

伤感的人爱喝小酒,寂寞的人爱唱老歌。
一个人喝点,没什么不好的。
把客厅的大灯关了,只开一盏台灯。
听着音乐。皮亚芙,《巴黎的天空》,最适合一个人喝着酒听了。
最好的酒,是杰克丹尼,不兑任何东西,倒在透明的玻璃杯里,只加两块冰。
就这样喝吧!
不得了了……
感觉好极了……
这下又美了……
眼泪没了……
痛苦没了……
何以解忧……
再来一杯……
该忘的都忘了,忘不了就看着。
该放的都放了,放不了就爱着。
对酒当歌,人生几何?譬如朝露,去日苦多!

去爱一个东西
Learn to love a thing

"在这个世界上,你爱一个东西,就在你爱的这个东西里把自己练得完美,练到无懈可击。你因此获得满足,此外的一切其实无足轻重。就这样,你变得坚强,足以抵抗不时倾巢而来的寂寞;你变得勇敢,你学会拒绝周遭的喧哗与热闹,你学会简单而严肃……你形成一种风格,为你独有。"

——摘自朱天文《剧照会说话》

活出自己的风格,找到自己的生活方式,不是那么容易的事情,可能只有极少数人实现了这一点。

去"爱一个东西",爱一件事情,投入去做它,将你的个性或者个人风格尽情地展现出来。

你应该听从你的内心去做事,而不是去做你身边的人觉得正确的事情。

做你想做的事情,实现心灵的自由,需要你的勇气和魄力。因为在我们的生活当中,还存在着各种奴隶状态,许许多多的人,太在乎别人说什么,在不知不觉中把自己的灵魂交付给了别人,让别人掌握控制自己的心灵。

这种"奴隶制"使许多人一直在做着他们憎恶的工作,活在一个他们不喜欢的环境中,做出有违自己意志的事情,直至完全听命于他人。

你爱做什么呢?画画?弹琴?写剧本?收藏某一样东西?

去淋漓尽致地爱它吧!投入你所有的意念和行动去做它!那时候,你就是世界上最幸福的人。

一封家书
A letter home

  一个人在家，叫了外卖，一边吃，一边看凤凰卫视的"锵锵三人行"，那一期叫"那些写信的日子"。

  窦文涛正在电视里读他哥哥写给他的回信。那是好多年前，当时的窦文涛正在广州工作：

  "……收到你的来信，有一点你也许想不到，咱们全家为你嫂子的工作问题，很长一段时间心情不太好。这些日子里，只有你的来信，每封信都能给家里带来一晚的欢乐，特别是看到你取得成就的时候，情况就更是如此。你的来信，每回由爸妈下班时带回来，这时家里做饭的都先停下来，饭也先放一边，全家人都轮流着读你的来信。先读的如果读出了声，还会遭到大家的反对，为的是轮到自己读的时候，兴奋的感觉不至于有所减弱。读完了你的信，大家就开始谈论信的细节，交换自己的看法，想象猜测着你在广州的情况。每当这时，家里的烦恼就都不见了，这种情景，你一定能想象出来……"

  看着看着，我的鼻子都酸了……

我想起好多年前,在寄宿学校,每次做完课间操,看见邮递员骑着自行车来时,心里涌起的那种期待,以及在晚自习偷偷写家书时温暖的感觉。

　　有多久没给家人写信了?

　　也许你会说,平时每周都在和爸爸妈妈打电话啊!可是,电话里,好多事情和感受,都是说不出来的,有时候,父母还会因为电话费太贵,而匆匆忙忙挂掉你的电话。

　　和父母在QQ里聊天,感觉怪怪的。

　　有时间的话,坐下来,给父母写一封家书吧!告诉他们你生活的点点滴滴,告诉他们那些电话里讲不出来的、最细微的感受。慢慢写,用手写,然后去邮局把它寄出去。

　　我相信,这封信,一定会让父母一读再读,并且好好收起来。在这个信息时代,一封家书,多么宝贵啊!

参加一次怀旧聚会
Enjoy a retro party

你还记得这个著名的丁老头吗？
Do you remember this famous Old Ding?

不知道从什么时候开始，身边的小孩都开始叫自己叔叔或者阿姨了。

也不知道从什么时候开始，看不惯的事情也渐渐习惯了，没那么愤青了，遇到不公的时候，会告诉自己，社会其实就是这样。

曾经以为一辈子陪在身边的朋友，某天某月，就突然发现他们都不见了。

有很多的梦想，有的实现了，有的破灭了，大多数都破灭了。不知道还有多少人，一直坚持着自己年少时的梦想！

80后的我们，有的出名了，大多数人还默默无闻。

父母开始百般催促——该结婚了！你看那谁谁谁，都结了！还有那谁谁谁，孩子都有了！

参加一次以怀旧为主题的聚会吧！你可以打扮成"阿童木"或者"花仙子"，或者带上从家里搜出来的木头钢琴、猴皮筋儿、酸梅粉、麦乳精、小纸人儿，和朋友们聊一聊"80后作文常用句"；带着手抄歌词本、酒心巧克力、跳跳糖、古装美女不干胶、铁皮小青蛙、83版的《射雕英雄传》、《戏说乾隆》、《恐龙特级克赛号》，这些都能勾起我们内心深处美好纯真的回忆。

我参加过一次怀旧聚会，而且还吃到了娃娃头雪糕，那种梦想"长大了吃个够"的雪糕，大多数人都说："已经没有那么好吃了。"

在那次聚会上，有人放了一首老歌《故乡的云》，听到"我满身疲惫，回来是空空的行囊"，那时的我们听不懂，现在听来，心里马上涌起一种酸楚的感觉……

今天买一张彩票，看看运气怎么样
Today, buy a lottery ticket, any luck

如果今天，你在街上走过，忽然看见路边有个彩票店，门口的黑板上写着：今日开奖500万。

如果心血来潮，你干脆进去买上一张彩票吧。

如果你不知道该怎么填写那些数字，干脆就选择机打好了。要知道，有好多中大奖的人，都是机器给他们带来的好运哦！

或者，你不相信机器，就自己瞎写吧！你可以随意组合自己喜欢的数字，或者把你的生日、电话号码，都组合起来填进去。

买完了彩票，之后就是等待了。

虽然我买的彩票从来没有中过，但是那种期待的心情还是很美好的。平常的每一天，都很平淡，但是这一天，因为买了一张彩票，就显得有所不同。

"如果中了500万，我该怎么花呢？"

你完全可以在心里先把这个问题想清楚。做梦也可以笑醒。

最后，祝你好运！

对了。如果，你真的中了大奖，千万不要忘记去兑奖哦！

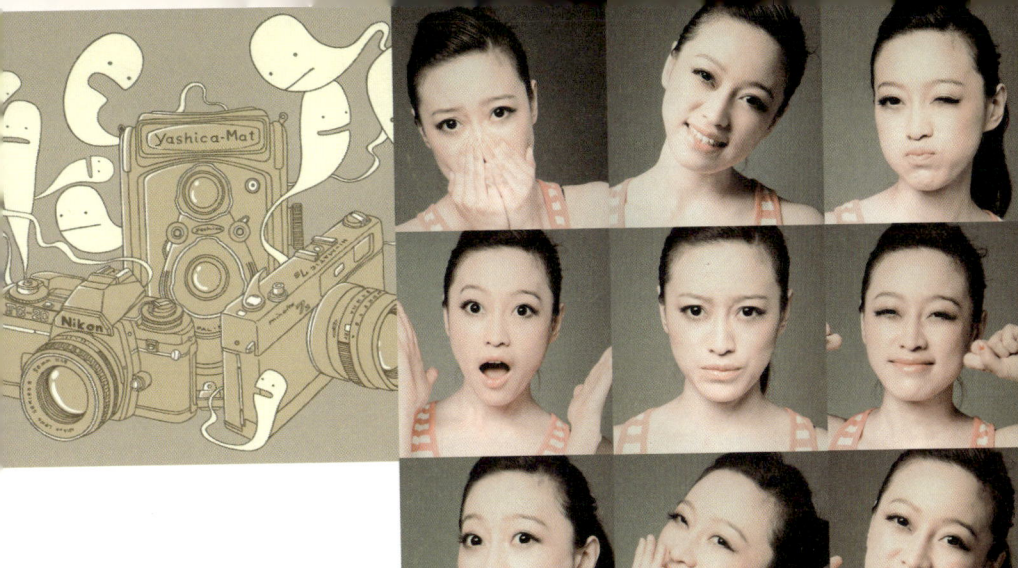

一个人的9连拍
A person's nine continuous shooting

一个人刷牙
一个人发呆
一个人玩手机
一个人看电影
一个人吃饭
一个人睡觉
一个人拍照

即便你不是一个自恋的人，你也可以玩自拍。

在一个无聊的晚上，你可以拿出数码相机，支上三角架，或者把相机放在书架上，放上最让你放松的音乐……现在开始，你发现你的内心变得很平静，好像已经进入另外一个奇妙的世界，远离了世俗，你只会听到快门和背景音乐的声音，其他外界的杂音都不会干扰到你……

拍照时，想把脸拍瘦，就把镜头举高来俯拍，眼睛要直视镜头。

在卫生间拍照，会有非常好的效果，有浴霸的厕所更好，因为光线好嘛！

给自己拍照，这东西没人教，好像天生就会。只有通过自己的手，拍出来的自己才显得更加年轻。

拍完了以后，把照片导在电脑里，再把脸上的包啊、豆啊修一修，把自己暗黄的肤色再调得洁白些，然后把照片打印出来，或者发表到博客上……

无怨的青春——再读席慕容
No regrets of youth, read Xi Murong's poetry again

17岁的时候，为了在师范学校学好普通话，我买了一盘磁带，是丁建华和乔榛朗诵的《席慕容诗集》。我把它放进小砖头一样的录音机里，一遍又一遍地听它，还小的我，只会读，体会不到"无怨的青春"究竟是指什么。

今天，天亮的时候我还在做梦，梦见在一个剧场，看一场舞蹈。演员们激烈又富有创意……突然，音乐里响起一首诗歌，那个声音陌生又熟悉，就是那盘磁带。"不是所有的梦都来得及实现……不是所有的话都来得及告诉你……"

突然，悲从中来，不可抑制。眼泪奔向眼眶，我用手拼命捂住眼睛，怕旁边的人看见……

后来我醒了过来……

12年了，原来这些诗一直深藏在梦里，等待今天，快30岁的我才明白……

无怨的青春

无怨的青春
在年轻的时候 如果你爱上了一个人
请你 请你一定要温柔地对待她
不管你们相爱的时间有多长或多短
若你们能始终温柔地相待
那么 所有的时刻都将是一种无瑕的美丽
若不得不分离 也要好好地说声再见
也要在心里存着感谢
感谢他给了你一份记忆
长大了以后 你才会知道
在蓦然回首的刹那
没有怨恨的青春才会了无遗憾
如山冈上那静静的满月

青春

所有的结局都已写好
所有的泪水也都已启程
却忽然忘了是怎么样的一个开始
在那个古老的不再回来的夏日
无论我如何去追索
年轻的你只如云影掠过
而你微笑的面容极浅极淡
逐渐隐没在日落后的群岚
遂翻开那发黄的扉页
命运将它装订得极为拙劣
含着泪
我一读再读
却不得不承认
青春是一本太仓促的书

送别

不是所有的梦都来得及实现
不是所有的话都来得及告诉你
内疚和悔恨
总要深深地种植在离别后的心中
尽管他们说
世间种种最后终必成空
我并不是立意要错过
可是我一直都在这样做
错过那花满枝桠的昨日
又要错过今朝
今朝仍要重复那相同的别离
余生将成陌路
一去千里在暮霭里
向你深深地俯首
请为我珍重
尽管他们说世间种种
最后终必终必成空

给妹妹的博客留言
Leave a message in sister's blog

　　你有兄弟姐妹吗？你们的关系好吗？也许你们在长大了以后，平时接触越来越少。有一个办法，可以让你更了解她们，那就是，看她的博客，或者空间。
　　了解她现在过得好吗、心情有什么起伏，你还可以给她留言，可以告诉她你是谁，也可以匿名，要她感受到你的关心就好。

昨天是妹妹再次来北京到咖啡馆工作一周年的日子。昨天下午北京下了一场很大很大的雨，晚上游泳回来，在她的博客里看到她写了昨天，博客流露出孤单的情绪。我给她留言：

生命中要独自面对的事情太多了……即便你身处闹市，即便你成了家，即便一切"成功"都实现……但是还有很多的路要一个人去走，还有很多的难题要一个人去面对，还有很多的感受要一个人去体会……

不是只有你这样，是所有的人都和你一样。

你要相信你是一个特别的女子，你善良的心，单纯的性格，还有你的坚强，对美的追求，这些天然的本性，足以值得让好男孩来爱你。尽管你没有学历，但是你懂得分辨和宽容，愿意阅读……尤其你能吃苦，能把10块钱一件的衣裳穿得漂亮，能把一个高低床的下铺收拾整理得温馨，吃得差一点，你从来也不埋怨……这些都让我自叹不如，并且更加认为你将来一定会是一位好太太，好母亲……尽管我已经在脑子里帮你设计过好多种婚礼，但是我还是不认为嫁出去是人生的目的，一定要遇见一个欣赏你，并且疼惜你，你也爱他的人才嫁给他。我相信缘分这个东西，它对每个人都是公平的，你这么好，它肯定会来，所以不要着急，现在要做的，只是心平气和地过好自己的生活，等着它来到而已。

保持美好的本性和追求进步，才是一生的功课。

其实生活细想起来真是很简单，就是让自己过得好些，再让亲人过得更好些，让周围的人们过得更好些。这个世界于是也变得好些了。

学习现代舞
Learning modern dance

今天的舞蹈课有个好玩的环节：给一段音乐，单脚着地板。
让自己是一片茶叶……热水冲泡后……慢慢舒展……自由漂浮……
——我的现代舞学习日记

现代舞，最早是邓肯的"自由舞蹈"，她向往原始的纯朴和自然的纯真，主张"舞蹈家必须使肉体与灵魂结合，肉体动作必须发展为灵魂的自然语言"，脱去舞鞋和紧身舞衣，随心所欲地自由舞蹈……

现代舞，是20世纪初在西方兴起的一种与古典芭蕾相对立的舞蹈派别。其主要美学观点是反对古典芭蕾的因循守旧、脱离现象一心生活和单纯追求技巧的形式主义倾向，主张摆脱古典芭蕾舞过于僵化的动作程式的束缚，以合乎自然运动法则的舞蹈动作，自由地抒发人的真实情感，强调舞蹈艺术要反映现代社会生活。

现代舞的与众不同之处在于：不存在普遍的规律，每一个艺术家都在创造自己的法典。
如果你想真诚地、自然地抒发内心的情感，就去学习现代舞吧！
每个大城市都有现代舞团，他们一般都开设有培训部，你可以去咨询，然后报名加入进去。
当你在一天的忙碌之后，跟着舞者学习跳舞，挥洒汗水，精疲力竭，同时也加深了对舞蹈和自己的理解。比如，舞者会教你：现代舞，最基础的就是要学会"不较劲"，你的自由全来自于此。即便跳起来在地板上滚也不会受伤……

比如，即便只是一个站立的动作，也要体会"顶天，立地，心中正"；又比如，在跳舞的时候，抛却自我，忘掉自己，忘掉生活，只有单纯的感受，身体自由跳舞……

怎么欣赏现代舞:
How to appreciate
modern dance

1 在现代舞者的眼里，大自然的一切无一不能舞，而人的每种行为和每个动作无一不在跳舞。

2 现代舞是一门形式感极强的艺术，因此，现代舞无论是以何种的形式表现，最基本的都是要从动作开始，而动作的形成、延续、发展、变化，最重要的是看动作的借力方法。

3 现代舞的结构打破了和谐理想的古典审美原则，注重对现实社会中人的关注和对自然真实美的追求，因此，在结构上特别讲究对比：动作和动作之间的对比，舞段和舞段之间的对比，节奏和节奏之间的对比，情绪上的对比以及舞蹈构图的对比等等。

4 现代舞强调的是舞者自身的重量，而不是如芭蕾般的轻盈，在动作中强调空间的过程而不是动作的本身，在空间上强调韵味的顿挫而不是流畅，在构图中强调不平衡而不是平衡，强调过程的揭示而不是过程的遮掩。

把朋友送到站台
Take my friend to the platform

  如果送朋友去远方,朋友是坐火车的话,我是一定要买张站台票,送他到站台的。
  因为可以多陪他一会儿。
  我们可以一起上车去,找到自己的座位,帮他把行李放好,再把送他的水果和小零食都放在桌上,叮嘱他一路上好好照顾自己。
  "劝君更进一杯酒,西出阳关无故人",没有酒,就拍拍肩膀,说声再见吧!
  火车开动的时候,站在站台上对朋友挥手,看他被火车带着远去,等你忍住眼中的泪,会发现身边也许还有一个同样站立的人,他的朋友也刚刚远去。

  流动的,才是生活。
  人的一生,要经历无数次的送别,每一次送别,都是一种美好又忧愁的经历。
  站台是坚硬的,心是软的。
  如果你要送朋友,就送到站台上去,去尽情体验那种离愁别绪!

一个人去乡下
A man goes to the country

　　每天在城市中穿行，呼吸着汽车尾气，被高高低低的楼房包裹着，被熙熙攘攘的人群簇拥着。喧嚣和浮躁总是形影相随。

　　何不在一个周末，一个人去乡下？

　　乡下的空气很好，有比城市看起来更加蔚蓝的天空，你会看见鸟从天上飞过，还会闻到青草和树叶的香味。

　　你可以一个人铺一张毯子，在田边吃一次野餐，也可以去乡下的农家吃农家饭，那里的食物很健康，放心吃吧！

　　当夜幕降临，晚风拂面，你要好好享受蛙鸣和小虫的低语……

　　黑夜里，抬头看见漫天繁星，是件多么奢侈的事情。

　　四周不再有来来往往的人，没有钢筋水泥，没有错综复杂的人际关系，长久以来的压抑和压力都渐渐离你远去，留下的只有平静和一种朴实纯真的心态。

　　明天，又将是星期一，又将回到城市，忙着挣钱，忙着竞争……可能你真的无法放弃这样的生活，也摆脱不了。

　　所以，一个人，如果能偶尔到乡下住一住，请静心体会那种心如止水、平淡的生活。

单身的人最喜欢的句子
The most favorite sentences of a single man

- 有一种寂寞叫宁缺毋滥。

- 错了没关系,改就行,受伤也没关系,养就行。

- 不过是分手,别夸张了寂寞。

- 一个人的时候就独立,能依赖的时候就依赖。

- 多单身几次就习惯了。

- 原来以为已经要解脱,却在遗忘之前梦见了你。

- 两个人的时候你眼中看到的只有对方,一个人的时候你眼中看到的是整个世界。

- 单身不可怕,可怕的是世界上这么多单身的,我却不能找到那合适的一个。

- 哀莫大过于心不死。

- 你来了,我当你不会走;你走了,我当你没来过。

- 单身是最容易看清自己的一种手段,看到最后却两眼茫茫。

- 过尽千帆皆不是。

- 咱俩好吧。

- 人生若只如初见,何事秋风悲画扇?等闲变却故人心,却道故人心易变。

- 只剩下一根烟了,还有一整夜要过。

改变你的晚睡强迫症
Change your obsessive-compulsive disorder of sleeping late

凌晨一点,整个世界都睡了,但你还神魂颠倒地醒着……
长夜漫漫,别人都在美梦里遨游,可你就是无心入眠。
熬夜似乎已经成为你的一种生活习惯。
尽管你知道早睡身体好,知道熬夜对健康坏处多多,会让你长期处于疲劳状态,让你免疫力下降,让你容易感冒、胃肠不好、容易过敏、神经失调……
但是就是无能为力。
明明已经很累了,已经很困了,但是还不睡,一定要熬到很晚很晚,身体扛不住了才睡。
这是一种疾病,叫熬夜强迫症。
熬夜的时间,大部分也没做什么有意义的事情,就是对着电脑而已。
有熬夜强迫症的人,很少见过清晨的阳光,很少吃早饭。由于长时间的生物钟紊乱,他们的脸色都是不好的,身体处于虚弱崩溃、神经分裂的边缘。
你是在浪费时间,消耗自己的身体!
你可能说,也想调整过来,可是每天不到三四点钟,就睡不着啊,因为已经习惯了。
那么,就慢慢调整吧!拿出一定要改变的决心!
有一个最好的办法就是——强迫自己早起!每天都早起,不管头一天晚上睡得多晚。
只有每天早起了,晚上自然就会瞌睡了……持续一段儿时间,你就慢慢调过来了。

如果你不能不熬夜：
If you have to stay up all night

1 经常熬夜的人，白天要多去户外走走，这有助于摆脱熬夜后萎靡的状态。

2 熬夜过程中，要多喝水，喝枸杞大枣茶或菊花茶，解压、明目，既补水又有去火的功效。

3 熬夜的人一般喜欢吃夜宵，可以吃，但最好是水果和汤水，也可吃点干果，如核桃、大枣、桂圆、花生等，可以抗疲劳。少吃烧烤和泡面，这两样东西太上火了。

4 经常熬夜的人，白天可以吃一颗维生素B群营养丸，维生素B能够解除疲劳，增强你的抵抗力。

5 如果要熬夜，女孩子千万要记得卸妆，不然，满脸痘痘就会找上你。

6 如果经常熬夜，第二天中午有时间，有条件，可以打个小盹。把失去的睡眠补回来，哪怕只有十分钟，也是好的。

学习日系图片PS
Learn PS pictures of Japan

我很喜欢看上去舒服淡雅的日式风格照片,照片透着一股淡然的治愈气息,仿佛每按一下快门,都是漫不经心的。

日系的照片中,隐藏着一种浅浅的神经质的敏感,一点莫名其妙的小情绪,却让你猝不及防地被它吸引。

近乎透明的白色,朴素淡雅的彩色,略有曝光的处理,刻意的虚焦效果,也是摄影师和看图片的人的一种宣泄和表达。

后来才知道,那样的图片,大多数都是通过后期PS做出来的。

确实,PS是个非常强大的软件,能把身边普通的东西化腐朽为神奇!

我这些天一直在看一些日系摄影和修图的资料,看完之后,也拿了一些以前拍的数码照片出来修,果然慢慢找到了一点感觉。

1 日系的片子，一般在清晨或者傍晚的时候来拍比较好，因为这段时间，光线比较柔和，更容易出效果。

2 如果想拍忧郁深沉的图片，就选择多云的天气来拍。如果想拍特别青春靓丽的图片，就找一个下雨以后的大晴天的上午。

3 使用MF手动对焦，大光圈。日系照片的魅力，在于有时候不经意的脱离焦距，试一试，体会一下朦胧和清晰之间的玄妙。

4 构图的时候，稍稍有点仰视的角度，注意抓重点，不要想什么都估计到，多尝试，慢慢感觉就会出来了。

5 在做后期的时候，在PS里，用调整饱和度工具降低饱和度。

6 用曲线调整，减少对比度，并提高整体亮度，并且给照片加上一点淡淡的蓝色或黄色。

7 在日系修图里，调整曲线是个很重要的步骤，日系风格的照片，一般蓝色通道和红色通道的黑阶部分比较亮，绿色通道灰阶部分比较少。这需要你慢慢摸索。

8 去找各种各样的PS插件，比如。专门让图片变得明亮的，或者蒙上某种亮丽颜色氛围的，或者模拟胶片质感的，PS会自动创建一个新图层，不会影响原图。

9 去摄影论坛和日系相册，欣赏和学习好的日系图片，慢慢地进步。

我常去的日系摄影网站：*http://fotologue.jp/#*
豆瓣日系摄影小组：*http://www.douban.com/group/japanstyle/*

无事忙中老，心安即平安
Have peace of mind, you will be very young

"无事忙中老，空里有哭笑，本来没有我，生死皆可抛。"
——圣严法师

2009年，圣严法师去世前，写下一副"心安平安"的春联，呼吁世人"要永远对未来怀抱信心与希望，这样人生就会跟着改变"。

如何才能"心安平安"呢？
所谓平安，有心理的、生活的和生命的平安。
如果心不安，很容易就被环境牵动。因他人的一句话、一个动作，甚至是媒体上的一个讯息，自己的心马上就跟着起伏；起初是心不安，接着影响生活不安，最后连生命也不安稳了。
而这些不安，一样一样重叠起来，有点像漩涡一样的，会一个带着一个，一个牵动一个，导致结果愈来愈严重，愈来愈麻烦。

圣严法师提出的三项学习安心的方法：
Master Sheng Yan put forward three methods of learning peace of mind

1 "正视现实"。觉得不安的时候，要反问：不安是为了什么？遇到任何不安的状况，如果能够面对它、正视它，问题往往也就消失了。

2 "怀抱信心"。觉得无路可走，不敢往前走，也不想往前走的心态非常危险，会把自己带入绝境，如果说心态调整一下，相信天无绝人之路，永远对未来怀抱信心与希望，这样人生就会跟着改变。

3 遇到不顺心时，要"心平气和"地处事。

心经常是安稳的，生活是安定的，人生也一定是平安的。